TOEICリスニング
満点コーチが教える

3ヶ月で英語耳を作るシャドーイング

改訂版

谷口恵子 Keiko Taniguchi

音声ダウンロード付き

はじめに

「リスニング力を上げたいけど、何をしたらいいのかわからない」

「毎日英語を聞いているけど、聞き取れるようにならない」

「英会話スクールの先生の英語は聞き取れるようになってきたけど、他の人の英語はまだ聞き取れない」

あなたにも心当たりのある言葉ではないでしょうか。英語のリスニング教材がこんなにも世の中に出回り、いたるところに英会話スクールがあるにもかかわらず、リスニング力が上がらずに悩む英語学習者が後を絶ちません。なぜ私たち日本人は、こんなにも英語のリスニングに苦労しているのでしょうか。

英語に触れる時間が圧倒的に足りない

日本では、多くの人が中学・高校の6年間、必修科目として英語の授業を受けてきています。それに加えて、日々の宿題や自習、受験勉強、さらには英会話スクールに通うなどの努力をしてきた人も多いと思います。こんなに長い時間英語を学習してきたのに、どうしてできるようにならないんだろう、と泣きたくなりますよね。

しかし、私たちは、本当に十分な時間を英語学習に費やしてきたのでしょうか。実際に使えるレベルの英語を習得するためには、約3,000時間の学習が必要だといわれています。中学・高校の6年間で受ける英語の授業は、トータルで1,000時間にも届きません。自習や受験勉強、大学の授業などで500時間をプラスしたとしても、残り1,500時間が必要です。
さらに、中学・高校での英語の授業の中で、一体どれだけ本物の英語に触れていたでしょうか。日本の学校で使用している英語の教科書や参考書はふつう日本語で書かれていますし、授業中も先生は日本語で解説をしていましたよね。教科書の音声を聞いたり、リスニングの問題を解いたりする時間はありましたが、全体のうちのわずかな時間です。つまり私たち日本人は、実際に英語に触れてきた時間が圧倒的に短いのです。

当然ですが、英語に触れずして英語を聞き取れるようにはなりません。英語の使い方のルールを勉強したからといって、すぐに使いこなせるようにはならないのです。ですから、使える英語を身に付けるためには「何時間英語学習をしたか」だけでなく、「どれだけ実際の英語に触れたのか」という観点を持つことが必要です。

効率的な英語学習をしていない

では、単純に英語学習にもっとたくさんの時間を費やし、積極的に英語に触れる努力をすれば、英語力は劇的に伸びるのでしょうか。もちろん、費やす時間と努力が増えれば、英語力は上がっていくでしょう。でも、現実的に考えて、今あなたは1日あたりどれくらい英語学習に時間を使うことができますか？ 仕事や学校で忙しい生活をしているなかで、毎日何時間も英語学習をするのは難しいのではないでしょうか。できれば、効率的な方法で英語を習得したいところですよね。

でも実際には、多くの人が効率的とは言いがたい英語学習をしています。リスニング力を伸ばしたい人が、英語をただ聞き流していたり、リスニングの問題集をひたすら解いていたりするのが典型的な例です。
単なる聞き流しをするだけでは、どこが聞き取れていないのか、次に同じ音を聞き取れるようになるためにどうすればいいのかがわかりません。これでは、耳が英語の音に慣れるという効果は多少あったとしても、本質的なリスニング力アップには効果がありません。

また、リスニングの問題をたくさん解いている人は、おそらく「リスニング問題を解く→解答・解説を読む→間違えた問題をもう一度聞いて確認する→次の問題に移る」という流れで学習していると思います。しかしこれは、実はリスニングの効果的なトレーニングになっていません。

たとえば、解答・解説を読んでいる間、あなたは日本語に触れています。その時間はリスニングの練習をしているわけではありません。また、単語を知らないせいで聞き取れないケースもありえますが、そのようなとき、1回解説を読む程度では、新しい単語を発音まで含めて完全に身に付けることは、なかなかできません。さらに、間違えた問題をもう一度聞き直す程度では、リスニング力のアップにはほとんど効果はありません。おそらく、次に同じ英文を聞いたときにも、また聞き取れないということが起こるでしょう。

では、どのような学習をすれば、リスニング力を効果的に上げていくことができるのでしょうか。

タニケイ式シャドーイングでリスニング力は上がる

英語のリスニング力をアップさせるのに、最も効果的な方法は「シャドーイング」です。シャドーイングは30年以上前から同時通訳者の基礎訓練に使われてきた方法ですが、数年前から一般の英語学習者にも広まってきました。その名のとおり、Shadow（影）のように、流れる音声のすぐ後ろをぴったりとくっついて、そっくりそのまま真似をして声に出しながら追いかけていくという方法です。

通訳者というプロの方々によって効果が実証されている方法でありながら、一般の英語学習者の中には、効果が出るどころか、「シャドーイングは難しくて続けられない」という印象を持っている人も多いようです。

それもそのはず、通訳者を目指すような人は、文法や語彙、リスニング力、発音力において、すでに高いレベルにあるわけで、そういった人たちのためのトレーニングに一般の英語学習者が同じやり方で挑戦すれば、難しく感じるのは当然です。

私が初めてシャドーイングに出会ったのは2009年。当時勤めていた会社の英語研修で、初めてシャドーイングに挑戦しました。宿題として練習してきたシャドーイングを授業中にペアでチェックしたり、ときには他のメンバー全員の前でシャドーイングを披露することもありました。恥をかきたくない一心で必死に取り組んでいましたが、毎日何時間も練習しなければシャドーイングができるようにならず、最初はかなりつらい思いをしました。

始めて2日目くらいで早くも「これは続きそうにないな」という思いを持ったのですが、必死の思いでシャドーイングを続けて1週間が経った頃、「最初は聞き取れなかった部分がクリアに聞き取れるようになる」というシャドーイングの効果を感じ始めました。そして、「これは続けることができれば本当にリスニング力が上がっていきそうだ」という期待を持ち始めたのです。

そこで、このシャドーイングを続けやすくするために、いきなりシャドーイングをするのではなく、いろいろな準備をしてからシャドーイングを始めるようにしたらどうか、と試行錯誤しました。

そのようにして完成したのが、本書で紹介する7ステップの「タニケイ式シャドーイング」です。そして、これを3ヶ月間続けた結果、TOEICのリスニングが満点になるという劇的な効果が出たのです。

タニケイ式シャドーイングの3つの特徴は、「リスニング力アップの効果を最大限に引き出す効果的なトレーニング」であること、「効果を実感しやすく続けやすい」こと、「どんな人にもおすすめのトレーニング」であること、です。それぞれ詳しく紹介します。

(1) 最も効果的なリスニングトレーニングである

タニケイ式シャドーイングは、7つのステップを踏むことで楽にシャドーイングをできるようにしていきます。シャドーイングの前までの各ステップは、シャドーイングのための準備というだけでなく、それぞれに大事な目的と意味があります。

7つのステップを通して、耳で音を聞き、内容をイメージし、目でスペルを見て、意味を確認し、口で発音して、実際の英語の発音に近づけていく、ということをします。さまざまな感覚を使ったトレーニングをしていくことで、この7ステップ全体が、リスニング力アップ、そして英語力アップの効果を最大限に引き出していくのです。シャドーイングを単体でやるよりもずっと大きな効果を得ることができるのがタニケイ式シャドーイングです。

(2) 効果を実感しやすく続けやすい

なかなか英語学習が続かないという方は、何か良さそうな学習法を見つけて始めても、成果が出るまでに時間がかかりすぎて、途中で嫌になってしまうのではないでしょうか。また、これまでにシャドーイングに挑戦したことがあるけれども挫折してしまったという方は、シャドーイングが難しすぎるために、効果を実感する前に、つらくなってやめてしまったのではないかと思います。

タニケイ式シャドーイングでは7つのステップを踏んで段階的にトレーニングをし、さらに苦手な箇所を集中的に練習する「ポイント練習」をすることで、小さな効果をたくさん実感できるようにしています。

「最初は聞き取れなかった部分が聞こえるようになった」「最初はついていけなかったところがスムーズに言えるようになった」など、毎日少しずつ効果を感じられるので、どんどん自信がつきますし、トレーニング自体にやりがいを感じられて、楽しくなっていきます。どれほど効果があるといわれても、単調なトレーニングを効果も感じずに続けるのは難しいものです。そして、ある程度続けなければどんなトレーニングも大きな成果にはつながりません。毎日小さな効果を実感しやすいタニケイ式シャドーイングは、続けやすく、大きな成果にもつながるトレーニングなのです。

(3) どんな人にもおすすめのトレーニングである

タニケイ式シャドーイングは、英語を聞き取れるようになりたいと思っている全ての人におすすめのトレーニングです。英語を学んでいる人は、それぞれ英語力のレベルも違えば目的も違いますが、タニケイ式シャドーイングは、基本的なトレーニング法の組み合わせですので、レベルや目的に関係なく誰でも実践することができます。

また、自分にとって「難しすぎず、やさしすぎないレベル」の教材を使うことで、どんなレベルの人でも始めやすいトレーニングとなります。教材をどのような目安で選ぶのか、難しい場合にはどう調整するのかも本書の中で紹介します。このタニケイ式シャドーイングを続けていくと、リスニング力は必ず上がっていきますが、レベルが上がったら、またその時点の自分のレベルに合わせて、少し難しい教材を選び、このトレーニングを活用することができます。さらに、自分の目的に合った内容の教材を選ぶことで、その目的に最短で近づけるようなトレーニングをすることができます。

つまり、タニケイ式シャドーイングは、リスニングのレベルが上がったり目的が変わったりしても、一生役立つトレーニングなのです。

以上３つの特徴のあるタニケイ式シャドーイングですが、本書では、**1日30分×3ヶ月**を目安にこのトレーニングを続けることをすすめています。この３ヶ月という期間は、自分がリスニング力アップの効果を実感できるだけでなく、TOEICなどのテストの結果にもリスニング力アップの効果が反映されるのに十分な時間です。

タニケイ式シャドーイングは、何をすればいいかが明確に決まっているシンプルなトレーニングですので、本書を読んで、すぐに始めることができます。1日30分、どこでどんな時間を使って取り組むかを決めておくと、さらに習慣化しやすく続けやすいトレーニングになります。「今日はどんなリスニング練習をやろうか」と悩む必要がないので、忙しい中でも効率的に時間を使って、英語力アップにつなげていくことができます。

英語のトレーニングは勉強ではありません。筋トレと同じようなものです。大人になってからでも、トレーニング次第で耳も口も変わります。でも、トレーニングをしないと体は変わりません。体の機能を向上させていくトレーニングなので、最初はちょっと負荷を感じるかもしれませんが、そのつらさは、あなたの体が変わっていこうとしている証拠です。そして、このタニケイ式シャドーイングは、本書に書いてあるとおりの手順で続けることで、毎日のように小さな効果が実感でき、楽しくなっていきます。

3ヶ月後の進化した自分に出会えるかどうかは、本書を読んでトレーニングを始めるという、あなたの決断と行動にかかっています。ぜひ、タニケイ式シャドーイングを活用して、「英語が聞き取れる自分」になりましょう。

英語学習コーチ
谷口恵子（タニケイ）

CONTENTS

第4章 シャドーイングの効果倍増 おすすめの教材

第5章 3ヶ月でTOEIC100点アップするレベル別対策法

この本の使い方

この本は、**第1章〜第4章**でシャドーイングの効果や、タニケイ式シャドーイングの具体的な実践方法、トレーニングを続けていくためのコツなど、主にシャドーイングトレーニングについて紹介しています。後半の**第5章〜第7章**では、シャドーイングを活用したTOEIC対策、発音のコツ、単語暗記も含めた英語学習法について触れていきます。

シャドーイングのトレーニング自体は**第3章まで**読めばすぐに始められます。すぐに実践したい方は**第3章まで**を読んでトレーニングを開始してください。ただ、**第4章以降**に書かれていることはシャドーイングをするうえで非常に役立つ情報ですので、トレーニングの合間など時間を見つけてお読みいただくことをおすすめします。

本書の構成

第1章　なぜシャドーイングでこんなにも英語が上達するのか

英語学習の全体像について触れた後、リスニングの重要性、タニケイ式シャドーイングの効果と概要について説明します。この章を読むと、英語学習を一体どのように進めていけばいいのか、なぜリスニングが重要なのか、なぜシャドーイングが効果的なのかがわかります。

第2章　確実にリスニング力を上げるタニケイ式シャドーイング

この章では、タニケイ式シャドーイングの具体的なトレーニング方法を説明します。7つの各ステップの目的を知ったうえで、詳しい実践方法や意識の持ち方、注意点も含めてしっかり理解してください。1週間のモデルプランやタニケイ式シャドーイングに関するQ&Aも紹介します。

第3章　3ヶ月のタニケイ式シャドーイングを実践してみよう -練習教材12回分-

この章では、タニケイ式シャドーイングを実践練習していくための12回分（約3ヶ月分）の教材と音声を用意しています。TOEICにも頻出の、オフィス会話、電話対応、ミーティング、プレゼンテーションといったビジネスシーンの会話を使って、実践練習を始めましょう。

第4章　シャドーイングの効果倍増 おすすめの教材

タニケイ式シャドーイングを自分で続けていくために必要な、教材の選び方や、レベル別のおすすめ教材を詳しく紹介します。

第5章　3ヶ月でTOEIC100点アップするレベル別対策法

短期間でTOEICのスコアを伸ばすための、効率的かつ効果的な学習法について説明していきます。レベル別のTOEIC対策法も紹介しますので、自分のレベルに合った対策を実践して、3ヶ月でTOEICのスコアアップを目指しましょう。

第6章　英語を聞き取るために絶対知っておきたい発音のコツ

英語を聞き取れるようになるために知っておくべきこと、特に英語の発音の特徴を詳しく説明しています。なぜ「聞き取れない」ということが起こるのか、その原因をしっかり確認しておくと、効果的な対処法がわかるので、英語を聞き取れるようになっていきます。

第7章　短期集中&効果的な方法で単語を覚えよう

英語力アップに欠かせない単語力を身に付ける具体的な方法を説明します。どうしても避けたくなる単語暗記ですが、やはり単語力は重要です。効果的な暗記方法を知ったうえで、効率的に単語力を身に付けていきましょう。

音声ダウンロード方法

本書の**第 2 章**、**第 3 章**で使う音声をダウンロードできます。PC を使ってのダウンロードだけでなく、スマートフォンやタブレットを使って直接アクセスもできるように、2 種類の方法を用意しました。

本書で紹介するタニケイ式シャドーイングのトレーニングでは、スマートフォンの音声再生アプリや、PC の音声再生ソフトを使って音声を聞くことをおすすめします。**第 2 章**でも詳しく紹介していますが、音声再生アプリやソフトを使うと、音声のスピード変更や、一定の箇所を繰り返し聞くことができる AB 間再生ができ、苦手な部分を集中的に練習するのにとても便利だからです。

● Vimeo へのアクセス（iOS ／ Android 用）

次の URL にアクセスするか、音声を使う各ページにある QR コードを読み取ることで、音声を聞くことができます。

http://www.pbook.info/shadowing-new

Vimeo アプリを使うと、音声の入った動画をダウンロードしてオフラインで聞くことができます。

Android 版では、動画右上の↓マークをタップしてダウンロードします。iOS 版では、動画右下の 3 点リーダー「…」をタップして「オフラインリストに追加」すると、ダウンロードできます。いずれも、ダウンロードしたものをオフラインで聞くには、下のメニューの「鑑賞」→「オフライン」で動画を選びます。

また、iOS 版では、動画右上の 3 点リーダー「…」をタップして、速度を 0.5 倍～ 2 倍まで変更することができます。

●サイトからの直接ダウンロード（Android ／ PC 用）

①次の URL にアクセスします。
http://www.pbook.info/shadowing-new

②本書で使用する計 14 個のファイルと、それらをすべて 1 つのファイルにまとめた zip 形式のファイルがあります。Android からは 14 個のファイルを 1 個ずつダウンロード、PC からは zip ファイルをダウンロードし解凍して使用することをおすすめします。

③ Android にダウンロード後は、Google Play などスマートフォンに搭載されているお好きな音声再生アプリから再生できます。PC にダウンロード後も同様にお好きな音声再生ソフトから再生できます。

第 2 章では 7 ステップのタニケイ式シャドーイングのやり方を説明していますが、音声再生マーク **音声01** のついている箇所では、必ず音声を聞いて、ご自身でも実践しながら読み進めてください。

また、**第 3 章**ではタニケイ式シャドーイングの実践練習を 12 回分収録しています。音声を利用しながらトレーニングに取り組んでみましょう。

CHAPTER

1

第1章

なぜシャドーイングで
こんなにも英語が上達するのか

なぜシャドーイングで
こんなにも英語が上達するのか

英語学習の全体像をとらえよう

本題に入る前に、英語学習におけるシャドーイングトレーニングの位置づけを知っていただきたいと思います。まずは、英語学習の全体像を見てみましょう。英語学習は、「文法」「トレーニング」「コミュニケーション」「単語」という４つの要素に分かれます。この４つの関係を図で表すと、このようになります。

英語学習の全体像

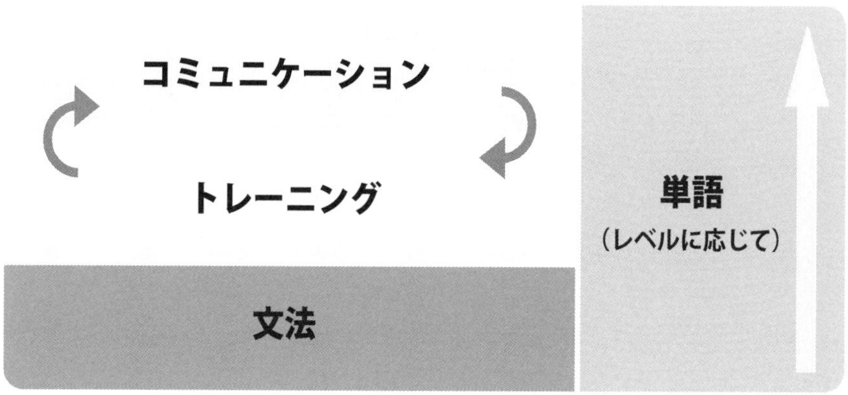

簡単に説明すると、「文法」は英語の基本ルールであり、英語学習の土台となるものです。「トレーニング」は、習得した基礎を実際に使えるようにしていく練習であり、「コミュニケーション」は実際に英語を使って練習の成果を試す場です。「単語」はレベルに応じてどんどん積み上げていくものです。

それぞれを詳しく見てみましょう。「文法」は英語の基本ルールです。ルールがわかっていないと英語を使いこなすことはできません。文法が理解できていない状態で、「トレーニング」や「コミュニケーション」を実施しても、わからないことがたくさん出てきて、結果的に遠回りになってしまいます。文法が苦手な方や文法を忘れてしまっている方は、少し面倒でも一度時間をとって中学から高校初級レベルの基礎文法を復習しましょう。文法の復習方法については「**コラム３ 大人のためのやり直し英文法**」を参考にしてください。

「トレーニング」は、基本的に自分１人で毎日続けるものです。リーディング、音読、ディクテーション（書き取り）、英作文、暗唱、発音練習、スピーキング練習といった、１人でできる基礎練習のようなものです。この「トレーニング」を続けることで、単なる知識だった「文法」が、だんだんと自分のものになっていき、英語を使いこなせるようになっていきます。

一方、「コミュニケーション」は、他者とのかかわりのなかで「生きた英語」を実際に使ってみることです。実際に英語でコミュニケーションをとってみると、自分がスムーズに言えることと言えないことがわかったり、「ああ、この表現はこのタイミングで使うといいのか」といった、トレーニングだけでは気付かない発見をしたりすることができます。コミュニケーションは、人と会話をすることだけではありません。本や映画などを通じて「生きた英語」に触れることもコミュニケーションの１つです。

この図では、コミュニケーションが一番上に配置されていますが、コミュニケーションができるようになったら終わりではありません。スポーツでたとえると、トレーニングは素振りや筋トレなどの日々の基礎練習、コミュニケーションは試合本番のようなものです。試合の後には振り返りをして、また次の試合に向けて基礎練習を繰り返しますよね。英語学習でも同じです。

実際に誰かと英語で話してみると、自分の英語力の足りない部分に気付くことができます。そうしたら、日々のトレーニングでその部分を鍛え、またコミュニケーションに臨む。このようにトレーニングとコミュニケーションのサイクルを回していくことで英語はどんどん上達していくのです。

最後に「単語」についてです。リスニングをするにもリーディングをするにも単語力は必要不可欠です。そして、図にあるとおり、単語はどの段階になってもずっと学び続けるものです。基礎文法を学び直している初心者レベルの人も、毎日英語を使って仕事をしている上級者レベルの人も、そのレベルに応じて、そして目的に応じて、必要な語彙を習得していく必要があります。単語は英語学習を続ける限りずっと獲得し続けるべきもの、という意識を持ちましょう。

本書で紹介するタニケイ式シャドーイングは、この4つの要素の中の「トレーニング」に含まれます。特に英語のリスニング力を上げるためのトレーニングとして、最も効果的な方法です。

こうした自分1人で実践するトレーニングについては、「どんな方法でやればいいかわからない」「どんな教材を使って学習すればいいかわからない」「1人だとなかなか続かない」「効果が出ているのかわからない」など、さまざまな悩みがあると思います。

しかし、タニケイ式シャドーイングでは、やることが明確に決まっていて、迷うことがありません。また、教材は自由に選べますが、適切な教材を選ぶための基準があるので、悩む心配もありません。そして、決まったステップに沿ってトレーニングを続けるだけで、リスニング力アップの効果が確実に表れます。さらに、日々小さな単位で「できるようになった」という効果を実感できるので、トレーニングが楽しくなり、続けやすいという特徴があるのです。

リスニングを制する者は英語を制す

英語力は、リスニング、リーディング、スピーキング、ライティングの４つのスキルに分けることができますが、その中でもリスニングは難易度の高いものです。なぜでしょうか。

リスニングをする際に必要な、３つの力を考えてみましょう。

①単語・表現・文法の全てを反射的に理解する力

単語・表現・文法は、中学・高校でさんざん習ってきたから自分は大丈夫だ、と思っている方もいるかもしれません。でも、今までに、音声は聞き取れなかったけれども、スクリプトを見てみたらほとんど知っている単語や簡単な文法ばかりだった、という経験はないでしょうか。実は、リスニングをするときには、単語・表現・文法を「知っている」だけではダメなのです。音声を聞くスピードで瞬時に理解できるレベルまで血肉化する必要があります。

②英語の音を正しくとらえる力

日本の英語教育では、これまであまり発音が重視されてきませんでした。今の社会人の中には、発音記号をほとんど知らないという方も多くいます。しかし、英語の発音が身に付いていないと、聞こえてきた音と自分が覚えている単語を照合することができないので、意味がわかりません。

また、リスニングをするときには一定の長さを持った文章を聞くことになります。そのとき、英語の特徴として、単語と単語がつながって音の変化が多く起こります。ですから、実際には単語ごとの発音を正しく知っていても聞き取れないことが多くあります。単語と単語がつながったときの音の変化にも対応できる力が必要なのです。

③聞いたスピードで理解する情報処理能力・推測力

試験であれ日常会話であれ、基本的にリスニングでは1回で聞き取ることが求められます。もう一度頭から聞き直すことができないということは、聞こえてきた文章を聞こえてきた順番でそのまま理解していく力が必要です。また、どんどん英語が流れていきますので、頭の中で英語を日本語に訳している時間はありません。英語と日本語では語順が異なりますし、最後まで文章を聞いてから日本語に訳していたら音声についていけません。

英語の音声を聞いて理解するためには、英語の語順に慣れ、その順番で理解できること、そして、英語を日本語に訳さずに瞬間的に理解できることが必要です。さらに、正確に聞き取れない単語や、知らない単語・表現があったときに、文脈から意味を推測する力も求められます。聞き取れなかった単語があっても思考停止せずに、そのまま集中して聞き続け、推測力を働かせて、話の流れを全体として理解することが必要なのです。

以上のように、高度で総合的な力が必要になるのがリスニングです。他のスキルである、リーディング、ライティング、スピーキングの3つは、どれも自分のペースで進めることができますが、リスニングだけは、聞こえてくる音声のペースについていかなければなりません。その意味では、本番のコミュニケーションにおいてリスニングが一番ハードだといえるでしょう。本番に備えて、しっかりと重点的にトレーニングをしなければならないのです。

1対1の会話なら聞き返すこともできますが、試験なら1回しか聞くことはできません。たった1回しか流れてこない英語を聞き逃さないために、わからない単語が出てきても動揺しない精神力や、雑音が入ってきても集中し続ける力も必要です。

こうしたことから、リスニングは身に付けるのが最も難しいスキルである反面、リスニング力を優先的に鍛えることで、他のどのスキルにも応用可能な力を身に付けることができます。

たとえば、「①単語・表現・文法の全てを反射的に理解する力」があれば、自分のペースで読めて、しかもスペルで文章を正確にとらえることのできるリーディングは簡単に感じるでしょう。

また「②英語の音を正しくとらえる力」があれば、スピーキングにも役立ちます。実は正しい音が聞き取れても、自分が正しい発音で話せるとは限らないのですが、音を聞き取れるようにするためにシャドーイングをはじめとするトレーニングをすることで、自分が正しく発音する力も鍛えられていきます。

そして「③聞いたスピードで理解する情報処理能力・推測力」はリーディング力にそのまま反映されますし、聞いたスピードで理解できるほど英語の単語や表現、文法が自分のものになっていれば、アウトプットとしてのライティングやスピーキングにも使えるレベルになっているはずです。

つまり、リスニング力を鍛えるために、こうした力を身に付けていくことで、結果的に英語力全体を向上させることができるのです。リスニングを制するものは英語を制す。限られた時間で効率よく英語力を上げていくために、リスニング力を優先的に鍛えていきましょう。

意識的なトレーニングなしにリスニング力は上がらない

では、リスニング力を鍛えようとするとき、どのような方法を実践すればいいのでしょうか。英語が聞き取れないのには理由があります。リスニング力を上げるには、それを克服するための効果的なトレーニングをする必要があります。それが、シャドーイングを中心とした耳と口を動かすトレーニングです。

英語圏の子どもたちは、読み書きを習う前に日常生活を通して英語の音に慣れていきます。読み書きができるようになる前から、英語を聞き、話すことができるようになっていくのです。一方、私たち日本人は、英語の音に慣れる前に読み書きや文法を習得していきます。いわば、教科書上で文字を中心として英語という言語を学んでいきます。大学入試センター試験にリスニングが導入されたのも2006年からです。それ以前に大学受験をした人は、英語の問題を解くのに英語の音が聞き取れる必要がある、という意識すらありませんでした。

「読んで意味がわかればいい」「単語テストで答えが書ければいい」ということになれば、英語の音を気にする必要もありません。そうした人たちは、仕事で実際に英語を話す必要が出てきたり、TOEICを受ける必要が出てきて初めて「英語は音を知らないと使えない」という事実に気付くのです。英文を読めば意味がわかるけれど、音だけでは聞き取れない、自分で正しく発音することもできない、という悩みを抱えている人がたくさんいるのはそのためです。

では、英語を聞き取れるようになるには何が必要なのでしょうか。まずは、英語のスペル・音・意味の3つが結びついた状態で、単語を知っていることが必要です。この3つがきちんと結びついていないと、「読めばわかるけど聞き取れない」「音が聞き取れても意味がわからない」という状態になってしまいます。そして、その単語を知識として知っているだけでなく、音声が流れていくスピードに間に合うように、聞いた瞬間にわかる状態になるまで自分のものにする必要があります。

英語を聞き取れるようになりたくて、あなたは今までさまざまな学習法に取り組んできたかもしれません。リスニングの本を買って通勤中に音声を聞き続けたり、TOEICを何度も受験したり、リスニングアプリを試してみたり、洋楽を聴いてみたり。でも、なかなか聞き取れるようにならない。

さまざまな学習法にトライする姿勢は素晴らしいものです。しかし、どれも聞いたら聞きっぱなしにしていませんか？　もしくは、英文スクリプトや日本語訳をチェックして「なるほど、そう言っていたのか」と感心して、そこで終わっていませんか？

残念ながら、それだけではリスニング力はなかなか伸びません。次に同じ英文を聞いても、やはり聞き取れないままでしょう。なぜなら、このような軽い学習を続けていても、英語のスペル・音・意味の３つはしっかりと結びつかないからです。

本当にリスニング力を伸ばしたいのであれば、次の３つを意識したトレーニングをすることが必要です。

(1) 聞き取れなかった箇所を明確にすること
(2) 聞き取れなかった理由を突き止めること
(3) 聞き取れなかった箇所を真似して言えるまで練習すること

(1) 聞き取れなかった箇所を明確にすると、その部分に注力して効率的なトレーニングをすることができます。自分の弱点を知ることがトレーニングの第一歩です。

(2) なぜ聞き取れなかったのか、その理由を突き止めることも非常に重要です。「単純に単語を知らなかった」「単語自体は知っているけれど、その発音を間違えて覚えていた」「２語以上の単語がつながって違う音に聞こえた」など、その理由によって聞き取れるようにするための対処法が変わってきます。

そして、(3) 聞き取れなかった箇所を真似して言えるまで練習することで、ようやく英語のスペル・音・意味の3つが結びついた状態でしっかりと自分のものになっていきます。この (3) の段階では、スペル・音・意味の3つを一通り理解しているだけでなく、何度も声に出して練習することで、聞いた瞬間にわかるレベルまで、定着させることができます。音声と同じ発音で、同じスピードで言えるようになると、その英語は「聞いてわかる」という状態になります。そして、次に聞いたときも聞き取れるようになります。

このように、聞き取れない部分を意識的にトレーニングして、英語のスペル・音・意味がしっかり結びついた状態にしていくこと、それがリスニング力をアップさせるために必要なのです。英語をどれだけ聞き流しても、それだけではリスニング力は上がりません。リスニング力を上げるには意識的なトレーニングが必要という認識を、ぜひ今日から持ちましょう。

なぜシャドーイングでリスニング力が上がるのか

では、リスニング力を上げるために最も効果的なトレーニング法は何でしょうか。それは、何といってもシャドーイングです。シャドーイングとはShadow（影）のように、流れる音声のすぐ後ろを、そっくりそのまま真似して声に出しながら追いかけていくトレーニング法です。

「はじめに」でも紹介しましたが、シャドーイングは、同時通訳者の基礎訓練法として長年にわたり効果の実証されているトレーニング法であると同時に、一般の英語学習者にとっても、しっかりと準備をしてから取り組めば、リスニング力アップの大きな効果が出るトレーニング法です。なぜシャドーイングをするとリスニング力が上がるのか、一度しっかり確認しておきましょう。

シャドーイングの効果は、次の３つです。

（1）リスニングに欠かせない集中力が身に付く
（2）本物の英語の音の特徴に慣れる
（3）自分の発音を改善し、正しい発音が聞き取れるようになる

英文を見ないで音声だけを聞いて真似をするシャドーイングは、真似するために音声をしっかりと集中して聞くので、リスニングをするときに欠かせない集中力が身に付きます。

毎日英語の聞き流しをしているのになかなかリスニング力が上がらない、という経験のある方は、聞き流しをしているなかで、集中して英語を聞いている時間がどれだけあるのか振り返ってみてください。おそらく、聞いているのか聞いていないのかわからないくらいの意識で聞いていることが多かったのではないでしょうか。「しっかり聞き取ろうと意識して聞く」だけでも、リスニング力は上がっていきます。

また、ネイティブの音をまるごと真似することで、本物の英語の音の特徴に慣れていきます。細かい発音の違いだけでなく、アクセントやイントネーションといった英語特有の音の特徴に慣れると、日本語を聞くときとは違う、英語の聞き方がわかってきます。

さらに、英語を話すときには、単語と単語がつながって音が変化したり省略されたりする現象がよく起こりますが、シャドーイングをしてみると、そうした音の変化や省略のパターンにどんどん慣れていきます。シャドーイングで音声にぴったりついていこうとしているときに、音が変化して速くなっている部分を区切って話してしまったり、省略されているはずの音を発音してしまったりすると、間に合わなくなります。そのため、こうした音の変化や省略に敏感になるのです。

聞いた音をそのまま真似することで、自分の発音を改善する効果もあります。英文を読んで発音をすると、どうしても自分が思い込んでいる発音で話してしまうものですが、英文に頼らずに音を聞いて真似することで、赤ちゃんが意味もわからない段階から親の話す言葉を真似するのと同じように、純粋に同じ音で話すことができるようになるのです。

そして、自分が正しく発音できるようになった音は、聞き取れるようになります。ですから、自分が正しく発音できるようになり、そのスピードで話せるようになることは、リスニング力もスピーキング力も効果的にアップさせる、着実な方法なのです。

シャドーイングは、このように、リスニング力とスピーキング力の両方を同時に鍛えられるので、英語を実践的なコミュニケーションに使いたい人におすすめのトレーニング法です。しかし、前述のとおり、シャドーイングはもともと同時通訳者という英語レベルの高い人たちのためのトレーニングですので、一般の英語学習者がいきなり同じように取り組むと難しいものになります。では、どうすればいいのでしょうか。

リスニング力アップの効果を最大化するシャドーイング

私も初めてシャドーイングに取り組んだときには、難しい、つらい、時間がかかるの三拍子で、すぐに挫折しそうになりました。でも、１週間ほどでシャドーイングの効果を感じ始め、これをきちんと続けていけばリスニング力は確実に上がるだろう、と思いました。だからこそ、もう少しやりやすい方法を見つけて、続けていけるようにしたい、と思ったのです。

そこで、試行錯誤の末に生み出したのが「タニケイ式シャドーイング」です。私自身はこのタニケイ式シャドーイングを３ヶ月続けて、直後に受けたTOEICのリスニングで初めて満点を取ることができました。それだけでなく、自分の実感として「英語がクリアに聞き取れる」という状態になっていきました。

タニケイ式シャドーイングでは、いきなりシャドーイングを始めるのではなく、７つのステップを踏んで、耳の準備、口の準備、心の準備をしてからシャドーイングに入ります。ただし、これらのステップは、単なるシャドーイングのための準備段階というだけではありません。各ステップに意味があり、全部のステップをきちんとこなすことで、英語のスペル・音・意味の３つを結びつけて自分のものにし、苦手な部分を集中して練習し、弱点を克服して、話されているスピードで自分も話せるようにしていく、ひいては聞き取れるようにしていくことができます。

意味のわからない単語がたくさんあるのに、いきなりシャドーイングをしても、やはり意味はわからないままです。また、最初からシャドーイングをしてしまうと、正しい発音で真似できているかどうかわかりません。しかし、タニケイ式シャドーイングでは、必要な他のステップを踏んでからシャドーイングをすることで、こうした問題も解消していきます。単にシャドーイングに入りやすくするだけでなく、聞き取れない原因に多面的にアプローチし、リスニング力アップの効果を最大限に引き出すのが、このタニケイ式シャドーイングなのです。

タニケイ式シャドーイングの7ステップ

ステップ1　リスニング（音声を聞く）
ステップ2　ディクテーション（書き取りをする）
ステップ3　黙読理解（英文を読んで意味を理解する）
ステップ4　音読（英文を声に出して読む）
ステップ5　リピーティング（少しずつ音声を聞いて真似する）
ステップ6　オーバーラッピング（音声と同時に話す）
ステップ7　シャドーイング（音声を聞いて後を追いかける）

ステップ1の「リスニング」では、どのくらい内容を理解できているかを確認するとともに、集中力を上げて内容をつかむ練習をします。

ステップ2の「ディクテーション」では、聞き取れない部分を明確にし、トレーニングの後半でどの部分に注力すればいいかを確認します。自分のリスニングの弱点がわかるのが、このステップです。

ステップ3の「黙読理解」では、知らない単語を調べ、難しい文章をしっかりと理解します。じっくり読んでもわからないものは聞いてもわからないので、このステップでは「読めばわかる」状態にします。

ステップ4の「音読」は、英語を話すための口の準備体操。英語を話すときの口の動きは、日本語を話すときと違いますので、準備体操が必要です。音読をしっかりしておくと、この後のステップで口がスムーズに動くようになります。

ステップ5の「リピーティング」では、英語の発音の特徴的な部分をつかみ、話す練習をします。いきなりシャドーイングをしてしまうと、音声についていくのに必死で、発音をしっかり聞いて真似する余裕がありません。このステップでは、落ち着いて、短い単位で音を聞き、真似ができるように練習します。

ステップ６の「オーバーラッピング」では、スピードも含めて、音声と同じように話せるように練習していきます。音声と重ねて話してみると、ついていけないところが明確になりますが、それは自分の弱点であり、リスニングでも聞き取れない場合が多いのです。

そして、最後の**ステップ７の「シャドーイング」**では、英文スクリプトを見ずに、集中して音を聞き、聞こえたままに真似をすることで、英語の音をそのままとらえることができるようになります。

この７ステップは全部のステップに目的があり、順番にも意味があります。ぜひ各ステップを飛ばさずに、特に最初のうちはこの順番どおりに実践してみてください。たとえば、前半のステップを省略して、いきなりリピーティングをしてしまうと、どこが聞き取れないのか、どうして聞き取れないのかわからないままリピーティングをすることになるので、弱点を解消できない可能性があります。

また、音読・リピーティング・オーバーラッピング・シャドーイングという順番にも意味があります。いきなりやると難しく挫折しやすいシャドーイングも、このようにステップを踏んで段階的に口が回るようにしていくことで、確実に取り組みやすくなるのです。

1日30分×3ヶ月のシャドーイングを習慣化しよう

タニケイ式シャドーイングを1日30分×3ヶ月続けることで、リスニング力アップの効果が自分自身でも実感できますし、TOEICなどの客観的なテストのスコアにも反映されます。

1日30分なら、忙しく働いている社会人の方でも、なんとか作り出せる時間だと思います。もちろん、時間や体力、気力に余裕があれば、もっと長い時間取り組んでいただいても結構です。ただ、漫然と長時間取り組んでも意味がありません。続けて長時間取り組むと、途中で集中力が途切れてしまうかもしれません。また、その長さが負担となってトレーニングを続けること自体が嫌になってしまう可能性もあります。

一番大切なのは、トレーニング時間の長さよりも、しっかりと集中して、効果を出すことを意識しながらトレーニングを実践することです。

そして、このトレーニングは3ヶ月の間、できるだけ毎日続けてください。英語のトレーニングは筋トレと同じです。丸1日やらない日があると、英語の音への感度が落ちてしまいますし、口も動きにくくなります。このトレーニングを通して、英語を聞き取れる耳を毎日少しずつ鍛えていくのです。どうしても時間のない日や疲れている日などは1日5分だけでも構いませんので、英語の音を聞いて、その時間でできるトレーニングをしましょう。1日英語に触れないだけで、数日分後戻りしてしまうと考えて「トレーニングゼロの日はなくす」ということを守ってください。

時々、すごく気合いを入れてシャドーイングをスタートし、最初の1週間でエネルギー切れしてしまう人や、モチベーションが保てなくなってしまう人がいます。そこで、筋トレを例に考えてみてほしいのです。筋トレに慣れていない人が、初日から気合を入れて「100回やろう!」とがんばると、次の日にはもう疲れて休みたくなってしまうでしょう。英語も同じです。長い目で見たときに続けられるように、負担になりすぎないレベルで実践していくことが大切です。

このトレーニングは続ければ効果が出ますが、続けなければ効果は出ません。続けやすくするために、日々のトレーニングは無理をしすぎないように自分でコントロールすることが肝心です。自分に厳しくなりすぎず、その日の自分の体調や気持ちに合わせて、柔軟に調整しながら、続けていきましょう。

また、筋トレを長く続けている人は、筋トレをすることが生活の一部になっていると思います。歯を磨いたり、シャワーを浴びたりするのと同じように、毎日淡々とこなしているのです。歯を磨くのにモチベーションはいらないですよね。モチベーションというのはどうしても波があるものですので、英語学習を継続する際にモチベーションだけに頼ってしまうと、続けられないリスクが高くなります。それよりも、トレーニングを、どこで、どんな時間を使ってやるのかを決めて、毎日の習慣にするようにしましょう。

１日30分といっても、連続して30分やる必要はありません。朝、出勤前の15分と通勤電車の中で15分、というように分けても構いません。自分の毎日のスケジュールを見直し、細切れの時間も活用して、トレーニングに使う時間を決めてください。夜寝る前の時間を使ってもいいと思いますが、仕事の状況によっては疲れて体力、気力がなくなることもありますので、できれば早めの時間をあてることをおすすめします。

このようにして毎日タニケイ式シャドーイングを続けていくと、３ヶ月も経たないうちに、リスニング力が伸びていくのを感じられるはずです。最初は聞き取れなかった箇所が、トレーニング後にはクリアに聞こえるようになったり、発音をつかみやすくなったり、音声の真似をして速いスピードで話せるようになったりと、さまざまな変化があるでしょう。

できれば、３ヶ月のトレーニングの後にTOEICなどを受けて、客観的にリスニング力の伸びを測ってみてください。テストの予定を入れておくと、トレーニングの明確な目的ができ、トレーニングを続けやすくなるという効果もあります。

自分の興味や目的に合わせてトレーニングをしよう

タニケイ式シャドーイングの大きな特徴として、自分の好きな教材でトレーニングができるということがあります。自分が聞き取れるようになりたいものや、興味があるものを教材にしてトレーニングをするほうがモチベーションが上がりますし、リスニング力アップの効果も高くなります。

教材は、音声があり、英文のスクリプトがあるものであれば何でも構いません。TOEIC などの試験のスコアを伸ばしたい人は、その対策問題集を教材にすることで、頻出の単語や構文に慣れたり、その試験の出題傾向に慣れたりすることができます。仕事で英語を使う人は、その仕事に関係しそうなニュースや話題を使うのがおすすめです。また、映画やドラマなどのビジネスシーンを探して使うのもいいですね。単純に楽しみのために、自分が聞き取れるようになりたいと思う映画やドラマを教材にするのもいいでしょう。

このように、自分の目的やレベルに合った教材でトレーニングをすることで、続けやすく、効果的に、ねらった成果を出すことができるのです。

第4章では、シャドーイングにおすすめの教材を詳しくご紹介していますので、そちらも参考にしてください。

ではいよいよ次の章から、タニケイ式シャドーイングの進め方を詳しく説明していきます。今よりもずっと楽に英語を聞き取れるようになっている未来の自分を想像して、トレーニングの第一歩を踏み出しましょう。

COLUMN 1

英語学習で効果が出やすい人の共通点

がんばって英語学習に取り組んでいる人は世の中にたくさんいます。しかし、同じ時間を費やしても、その学習効果が出やすい人と、出にくい人がいます。この学習効果の違いは何が理由なのでしょうか。

私は自分自身の英語学習の経験や、今までさまざまな英語学習者を見てきた経験を通して、学習の効果が出やすい人には共通する特徴があることに気付きました。

ここでは、英語学習で効果が出やすい人の共通点を紹介します。あなたもぜひ自分の今の状態を振り返り、参考にしてくださいね。

・英語学習を習慣にできる人

「海外赴任が決まって急に英語が必要になった」「入社までにTOEIC700点を取らなくてはいけない」など、英語学習をやらざるを得ない状況の方も多いと思います。そういう方はプレッシャーがあるので否が応でも英語を勉強しますし、目標が明確なので英語の上達も早くなります。

一方、長期スパンで目標を立てている方や、具体的な計画はないけれど英語力を上げたいという方は、そうしたプレッシャーがないためモチベーションを保つのが難しいと思います。

それでも英語学習で効果を出せる人というのは、英語学習の習慣を作ることが上手です。時間ができたときに英語をやる、というのではなく、毎日のルーチンの中に英語学習の習慣を取り入れてしまうのです。

英語学習の習慣をうまく作るには、たとえば「毎日朝食前に10分シャドーイングをする」「通勤電車の中では単語を覚える」「お風呂の中でスピーキング練習をする」など**ルールを決めて、毎日の日課にする**のがおすすめです。それもやはり、無理のないレベルから始めましょう。いきなり「朝食前に1時間」などハードルの高いルールを決めてしまうと続けるのが大変です。

最初の数日間は意識的にルールを守る必要がありますが、だんだん**ルーチン化してきて、英語学習が自分の生活の一部になっていきます。**食事をしたり歯磨きをしたりするのと同じように、毎日それをするのが当たり前になるので、人から「がんばってるね」と言われると違和感を覚えるほどになるはずです。**自分の生活パターンを確認して、うまく英語学習をその中に取り入れていきましょう。**

最初のうち、これを意識しやすくするために、1週間のスケジュール表や英語学習のルールを作って、家の中の見やすい場所に貼ったり、手帳などですぐ見られるようにするのもおすすめです。

・人を巻き込んで学習できる人

これはタイプによりますが、1人で学習をするよりも、**人と一緒に学習をする機会があるほうが続きやすい人が多い**ようです。私自身も普段から英語学習者のクラブ活動やイベントを開催したり、SNSを使って学習履歴を共有するコミュニティを作ったりしています。

もちろん英語力をアップするには1人で行うトレーニングを続けることも欠かせませんが、それだけでは英語学習が孤独なものになってしまいます。月に1回でもグループ学習を通して、**他の学習者とトレーニングの成果を確認し合ったり、学習に役立つ情報を交換したり**すると、モチベーションを保ちやすくなりますし、実際に学習のヒントを得られることも多くなります。

また、グループ学習に参加すると、その集まりのための準備をしなければならなかったり、トレーニングの成果を見せる機会になるため、いい意味で強制力も働きます。特にスピーキングの練習は１人でやるよりも、誰かに聞いてもらったほうがフィードバックが受けられますし、やる気も出ます。

周りで英語学習をしている人は多いと思いますので、何人かに声をかけて学習グループを自分で作ってもいいですし、すでにある英語サークルやクラブを探して参加してみるのもいいですね。

・自分が楽しめる学習方法を見つけられた人

英語学習にはさまざまな方法があります。教材を使ったリスニングやリーディングはもちろんのこと、勉強とはいえないような、**洋楽を聴いたり、海外ドラマを観たりすること**も、英語に触れるという意味では英語学習になります。使うのがクセになってしまうようなゲーム性のあるアプリを使い続けて、英語力が伸びる人もいます。

数ある英語学習の方法の中から楽しめる方法を見つけられた人は、自然と英語に触れたくなるので、英語に触れる時間が長くなり、成長も当然早くなります。英語力の伸びは、英語学習に費やした時間に比例する部分が大きいからです。

そして、**楽しめる学習方法というのは人によって違います**。得意とする単語の覚え方が人それぞれ違うように、その個性や興味・関心に応じて、その人に合った学習方法があります。どんな方法が合うのかは、本人が試してみないとわからないものです。

なぜなら、やってみてワクワクするかどうか、続けられそう、伸びそうと思えるかどうかが、その方法を見分けるポイントだからです。

ですから、人から聞いたり、英語学習本を読んだりして、気になった学習法があれば、**先入観を持たずに実際に試してみることが大事です。**それも1日や2日ではなく、少なくとも1週間から2週間は続けて、様子を見ましょう。最初はつまらなくても、だんだん効果を感じて楽しくなるかもしれません。

しばらく続けてみても、楽しさや期待感を得られなかったら、無理に続けなくてもいいのです。**自分を責めたり、挫折感を味わったりすることなく、他の学習法を試してみましょう。**

このように、さまざまな英語学習法に柔軟にトライすること、合わなかったときに気持ちを切り替えていくことが、英語学習で効果を出すポイントです。

・自分に厳しくなりすぎない人

英語学習において大切なことは、学習を続けることです。しかし、興味のないことやつらいことはなかなか続きませんよね。毎日8時間勉強するなど無理なスケジュールを立ててしまうと、だんだんスケジュールどおりに進まずストレスがたまってしまうかもしれません。

そして、**自分に厳しくなりすぎると、英語学習がつらくなります。**英語学習で効果が出せる人は、楽しめる方法を見つけられるだけでなく、英語学習に関して自分に厳しくなりすぎない、という特徴もあります。**できるだけ自分が楽しめる方法を取り入れたり、無理のないスケジュールを組むことで、学習を継続できるように工夫しているのです。**

もちろん試験などの目標がある人は、好きな学習ばかりしていては対策ができません。それでも、試験勉強を始める前にエンジンをかけるために洋楽を聴いてみたり、試験勉強の合間に好きな洋書を読んでみたりと、気分転換をすることはできます。そのようにして楽しさを維持できれば、試験勉強もモチベーションを保ちやすくなります。

また、疲れている日や忙しい日は十分な学習時間を確保することが難しいかもしれません。**そういうときは無理をせずに学習時間を減らすのがおすすめ**です。疲れているときや体調の悪いときに無理をして学習しても、集中できず、あまり効果は出ません。

ただ、全く英語に触れないと、英語への感度が落ちてしまいますので、5 分だけ英語を聞いたり読んだりしてから寝るようにしましょう。その代わり、翌日などにその分を取り戻すつもりで調整しましょう。**目標を達成できない日があってもいいので、必ず毎日英語に触れ続けること、そして少しでも学習ができたら自分を褒めてあげること**が大事です。

以上、英語学習で効果が出やすい人の特徴を 4 つまとめてみました。あなた自身はこの特徴に当てはまりそうですか？ 今は当てはまらなかったとしても、少し心構えや行動を変えることで、英語学習で効果が出やすい人になることができます。できることから、気になったことから、トライしましょう！

CHAPTER

2

第2章

確実にリスニング力を上げる タニケイ式シャドーイング

確実にリスニング力を上げる タニケイ式シャドーイング

STEP 01　**リスニング**
英文スクリプトを見ないで、1回音声を聞く

STEP 02　**ディクテーション**
音声を聞き、聞こえた単語を書き取る

STEP 03　**黙読理解**
英文スクリプトを黙読し、内容を理解する

STEP 04　**音読**
速音読、中速音読、普通音読と、3回音読する

STEP 05　**リピーティング**
音声を聞き、1文ずつ真似して繰り返す

STEP 06　**オーバーラッピング**
音声と自分の声を重ねて、同時に話す

STEP 07　**シャドーイング**
聞こえた音声のすぐ後ろを追いかけるように話す

本章では、7ステップのタニケイ式シャドーイングの詳細を説明していきます。各ステップの概要は、左ページにあるとおりです。次のページからは、ステップごとに「**目的**」「**実践方法**」「**ここがポイント！**」という3つの項目を説明していきます。

「**目的**」を理解することで、トレーニングをする際に何を意識して取り組めばいいかわかるので、効果的なトレーニングができます。
「**実践方法**」には、トレーニングをするときの注意点、意識すべきことを書いています。なるべく効果的に実践するために、ここに書かれているアドバイスを読んで取り組んでください。
「**ここがポイント！**」は、トレーニングアドバイスのうち、特に重要なものをまとめています。トレーニングを始めたら、時々「ここがポイント！」を振り返り、効果的なトレーニングができているか確かめましょう。

本章を読み進めるにあたって、音声ファイルを再生できるものと筆記用具を用意してください。また、**16、17ページ**を参照して、音声ファイルをダウンロードし、音声マーク **音声01** があるところでは音声を再生してください。筆記用具は、本書にマークなどの書き込みをする際に必要になります。

78ページからの「タニケイ式シャドーイング1日30分×7日間 実践スケジュール」では、1日ごとにどのように各ステップを実践していくか、回数などの目安も含めてまとめています。これに沿って取り組めば、迷うことなくトレーニングを続けることができます。また、トレーニングの進め方について、よく頂く質問も**Q&A**として詳しく紹介します。

それでは、7ステップのタニケイ式シャドーイングを始めましょう！

STEP 01

タニケイ式シャドーイング

リスニング

目的

教材のレベルが自分に合っているかをチェック＆リスニングに必要な集中力と内容把握力を身に付ける

最初のステップでは、音声を聞いて、7ステップのタニケイ式シャドーイングに使うのにちょうどいいレベルの教材かをチェックします。ちょうどいいレベルとは、1回音声を聞いて、半分くらい内容を理解できるレベルです。「話のメインの流れはわかるが、詳細はところどころ聞き取れない」というレベルを目安にしてください。

難しすぎると効果が出る前に挫折してしまいやすいですし、やさしすぎても効果が出にくいので、少し負荷のかかる、半分くらい理解できるレベルの教材を選びましょう。

また、このステップでリスニングに必要な集中力と内容把握力を身に付けます。聞き流さない集中力と、意味のわからない単語があっても推測して全体の意味を理解する内容把握力を向上させます。

実践方法

英文スクリプトは見ずに、音声を１回聞き、どのくらい内容を理解できるか確認しましょう。このとき、個々の音や単語にフォーカスするのではなく、文章全体としての内容を理解することにフォーカスして聞いてください。

半分くらい内容が理解できればいいのですが、もし難しすぎる、またはやさしすぎる場合は、教材を変更するか、音声のスピードを調整して使いましょう。スピードを遅くすると聞き取りやすくなりますし、スピードを速くすると難しくなります。

ちなみに、半分くらい内容が理解できるというのは、「どんな話だった？」と聞かれて、１文で概要を答えられるレベルです。詳細まで全部聞き取れている必要はありません。

また、リスニングの集中力と内容把握力を高めるため、「できる限り１回で内容をつかむぞ」というつもりで聞きましょう。リスニングは基本的に音声を１回で聞き取り、英文の頭から内容を理解していく必要があるため、リスニングに必要な集中力はリーディングに必要な集中力とは違います。ですから、聞こえてきた音声を内容として理解していくことと、聞き取れなかった音があっても先を聞き続けることの２つに意識を向けましょう。

ここでのコツは、聞こえてきた内容を頭の中で、絵や映像としてイメージしていくことです。聞こえてきた音や単語を１つずつ追っていても内容はなかなか見えてこないので、話の内容や、どんな人が、どんな場所で、どんな表情で、誰に向かって話しているのかを想像しながら聞いてみましょう。そうすると、全体の内容をつかみやすくなります。

聞き取れない単語が出てくると、そこで引っかかってしまい、その後の音に集中できなくなることもあると思いますが、なるべくあせらず、常に次を意識して聞いていきましょう。「多少単語を聞き逃しても、全体の流れを理解すればいい」と大きく構えているほうが、肩の力が抜けてあせらずに聞き取ることができます。

また、聞き取れない箇所が多いときは、それだけこれから伸ばせる箇所が多いのだ、と前向きにとらえるようにしましょう。7ステップのトレーニングを終える頃には、最初はところどころ聞き取れなかった英語の音声が、全部クリアに聞き取れるようになります。それを楽しみに取り組んでいきましょう。

ここがポイント

- 音や単語ではなく、**内容理解にフォーカスする**
- 聞き取れた内容から頭の中に**イメージを作っていく**
- 聞き取れない単語が出てきてもあせらない！ **常に次を意識して**聞き続ける
- 聞き取れない箇所が多いほどトレーニングの効果が実感できる！ **ポジティブに考えよう**

実際にやってみよう！

音声01

音声を１回集中して聞きましょう。どんな内容でしたか？ 頭の中に何かイメージできましたか？

現時点でどのくらい理解できたか振り返ってみましょう。

・理解度 ＿＿＿＿ %（メインの流れが理解できていれば50%）

STEP 02

タニケイ式シャドーイング

ディクテーション

目的

聞き取れない箇所、聞き取れない原因を把握する

ステップ1のリスニングでは、内容理解にフォーカスしたため、一つひとつの音や単語が聞き取れていなくても、ある程度内容を推測して理解できたかもしれません。そこで、ステップ2のディクテーションでは、音として聞き取れている部分と、聞き取れていない部分を正確に確認します。

実際には100%聞き取れなくても推測でわかることも多いのですが、やはり正確に聞き取れているほうが、理解しやすくなります。音を聞き取る精度を上げていくために、現時点で音が正確に聞き取れておらず、トレーニングに注力すべき部分を確認していきます。

英語が聞き取れない原因は、そもそも単語や表現を知らない、発音が聞き取れない、単語と単語がつながって違う音に聞こえるなど、さまざまです（詳細は**第6章**参照）。このステップでは、音として聞き取れない箇所を特定するとともに、何が原因で聞き取れていないのかを突き止めていきます。

実践方法

音声を聞いて、聞こえた単語を書き取っていきます。長い文を一気に聞いてしまうと書くのが追いつかないので、文の切れ目やポーズが入っているところで、音声を止めながら書いていきましょう。

ステップ1のリスニングと異なり、聞こえた単語を書き取っていくので、意味よりも音や単語にフォーカスして聞いてください。正確に聞き取れ

なくても、聞こえた音をカタカナで書いておきましょう。「この単語がこんな音に聞こえたのか」と振り返ることができます。

ディクテーションは、つい全部書き取れるまで粘って続けてしまいがちなのですが、そうすると時間がかかってしまうので、1回聞いて聞き取れなければ、いさぎよく次のセンテンスに進みましょう。どうしても繰り返し聞きたければ、最大3回までにします。

書き取りが終わったら正しい英文スクリプトを見て答え合わせをしましょう。正しい英文スクリプト上で、聞き取れなかった箇所に下線を引いていきます。できるだけ効率的に進めるため、書き取りをした紙に正しい答えを書き込んでいくのはやめましょう。

答え合わせが終わったら、正しい英文スクリプトを見ながら、音声を1回聞いてください。スクリプトを見ながら、たしかにそう聞こえるかチェックします。特に自分が聞き取れなかったところがどのように聞こえるか、しっかり印象づけながら聞いてみましょう。自分が発音を間違って覚えていたかもしれませんし、元々知らない単語だったかもしれません。なぜ聞き取れなかったのか、その原因をここで突き止めます。

ここがポイント

- 内容ではなく、**音や単語にフォーカス**して聞く
- 聞き取れなくても聞こえた音をカタカナで書いておく
- 同じ音声を聞くのは多くても3回まで。**完全に聞き取れなくても次に進もう**
- 答え合わせは、正しい英文スクリプト上の**聞き取れなかった部分に下線を引くだけ**

実際にやってみよう！

音声01

音声を聞いて、聞こえた単語を書き取っていきましょう。終わったら以下の英文スクリプトを見て答え合わせをします。聞き取れなかったところは、英文スクリプトに下線を引いておきましょう。

英文スクリプト

A How's the construction project been going?

B It's running behind schedule, but we should be able to complete it on time thanks to your help.

A That's wonderful. By the way, our team is going to dinner tonight. Why don't you come along?

B Sounds nice. Since I'm still new here, I'd like a chance to meet some more people.

A Great. I'll get in touch with you later.

B Thank you. See you around.

英文スクリプトを見ながらもう一度音声を聞いてみましょう。聞き取れなかったところは、聞き取れなかった原因を振り返りましょう。主な原因は以下の３つです。

①単語、表現を知らなかった
②発音を正しく聞き取れなかった
③単語と単語のつながり部分で音の変化が起こっていた

英語が聞き取れない原因については**第６章**で解説しています。上記以外の原因もあり得ますので、詳しくは**第６章**を読んでみてください。

STEP
03

タニケイ式シャドーイング

黙読理解

目的

単語、表現、構文を確認し、
読めば100%内容を理解できる状態にする

このステップでは、しっかり英文の意味を確認し、わからないところがない状態にします。基本的に、じっくり読んでわからないものは、聞いてもわからないものです。このステップを飛ばしてしまうと、音は正確に耳でとらえられるようになっても、意味がわからないままになってしまいます。それでは、リスニング力アップ、英語力アップの総合的な効果は得られません。単語、表現、構文などを確認し、意味があやふやなところはすべて解決しておきましょう。

実践方法

正しい英文スクリプトを黙読しながら、意味を確認していきます。英文を読んで意味がわかれば問題ないので、きれいな和訳を考える必要はありません。和訳が付いているものなら、和訳と照らし合わせながら意味を確認しましょう。また知らない単語や表現があれば、辞書などを使って調べましょう。単語を調べるときにはオンライン辞書や電子辞書など発音機能のあるツールを活用し、発音も一緒に聞いて覚えることをおすすめします。スペル・音・意味の3つをセットにしてインプットすることが効果的です（単語を覚える効果的な方法については**第7章**参照）。また、単語の意味を調べると、ついその意味をスクリプトに書き込みたくなりますが、日本語が書き込んであるとトレーニング中に目に入ってしまい邪魔になりますので、下線を引いたり丸で囲んだりするだけにしましょう。どうしても書き込みたい場合には、スクリプトの余白部分の目立たないところに書いておきます。

知らない単語が多かったり、文法力や読解力が十分でないと、このステップには時間がかかると思いますが、面倒くさがらずに、わからない部分をきちんと確認して、読めば100%内容がわかるという状態を目指しましょう。このステップをしっかり実践することで、リスニング力だけでなくリーディング力も上がっていきますし、単語や表現を覚えることもできます。

単語はわかるのに文の意味がわからない場合は、文法を理解できていない可能性が高いので、文法の確認もしておきましょう。身に付けた文法知識は今後も必ず役立ちます（英文法の学び直しについては「**コラム3大人のためのやり直し英文法**」参照）。

ここがポイント

- きれいに和訳する必要はなし。**意味がわかればOK**
- 単語を調べるときは、**スペル・音・意味の3つをセット**で
- 調べた単語の意味は、スクリプトには書き込まない
- わからない部分が多くても、**面倒くさがらずにていねいに調べよう**。必ず今後も役に立つ

実際にやってみよう！

英文スクリプトと日本語訳を照らし合わせて、意味を確認しましょう。知らない単語や表現があれば、日本語訳を参考にしたり辞書を引いたりして、意味や使い方を調べます。英文を読んで意味が100％理解できる状態を目指しましょう。

英文スクリプト

A How's the construction project been going?

B It's running behind schedule, but we should be able to complete it on time thanks to your help.

A That's wonderful. By the way, our team is going to dinner tonight. Why don't you come along?

B Sounds nice. Since I'm still new here, I'd like a chance to meet some more people.

A Great. I'll get in touch with you later.

B Thank you. See you around.

日本語訳

A　あの建設プロジェクトの進捗はどうですか？

B　予定より遅れていたのですが、あなたが助けてくれたおかげで、予定通りに完了できそうです。

A　それはよかった。今晩僕たちのチームで食事に行きますが、一緒にどうですか？

B　いいですね。私はまだここでは新人なので、もっと多くの人とお会いできる機会があると嬉しいです。

A　よかった。じゃあまた連絡します。

B　ありがとうございます。また後ほど。

覚えておきたい単語や表現

STEP
04
タニケイ式シャドーイング

音読

目的

英語を話すための口の準備トレーニング

このタニケイ式シャドーイングでは、ステップ5のリピーティングからステップ7のシャドーイングまでが「音のトレーニング」、つまり聞いた音をそっくり真似して英語を話すトレーニングです。ステップ4の音読では、その「音のトレーニング」に備えて、英語を話すための口の準備体操をします。英語を話すときと日本語を話すときでは、口の動きや、使う口の筋肉が異なります。そこで、準備体操をしておくことで英語をスムーズに話しやすくするのです。

3段階でだんだんスピードを落としながら音読を繰り返していくため、3回目には余力が生まれ、意味を意識しながら、なりきって音読ができるようになります。それにより、英語のままの語順で意味をとらえられるようになる効果も得られます。

実践方法

英文スクリプトを見ながら、スピードを変えて3回音読をします。
1回目は「速音読」、2回目は「中速音読」、3回目は「普通音読」です。

・1 回目「速音読」：自分の最高スピードで音読

これ以上は速く読めないというスピードで音読します。発音にこだわりすぎたり、意味を考えたりしなくていいので、できるだけ速く口を動かすことを意識してください。この速音読こそ、まさに英語を早口で話すための準備運動になります。ただし、噛まずに言える範囲の最高速度をキープしてください。噛んでしまう１つの原因として、スクリプトの単語を１語ずつ目でとらえてしまっているため、次の言葉を発する準備ができていないことがあげられます。その場合は、視野を広くして、単語単位ではなく、できるだけ３語以上のまとまりでとらえながら読むようにしてみましょう。

・2 回目「中速音読」：普段より少し早口（1.2 倍速程度）で音読

１回目よりスピードを落とすことで、少し楽に音読できるはずです。つまり、余力が生まれます。その余力を使って、今度は英文の内容を意識しながら音読しましょう。できる人は、イントネーションやアクセントも意識してつけてみましょう。

・3 回目「普通音読」：無理のないスピードで音読

２回目よりもスピードを落とすことで、さらに余力ができます。３回目の普通音読では、英文の意味を考えながら、その音声を話している人になりきって音読をしてみましょう。会話文の場合には、実際に相手と話しているかのように、表情やジェスチャーもつけてみましょう。普通音読のスピードは、音声のスピードより遅くなってしまっても構いません。イントネーションやアクセントをつけながら、なりきって読むことで、スピーキングの練習にもなります。最初のうちは、なかなかスムーズに読めないかもしれませんが、音読を続けると、どんどん早口で読めるようになっていきますので、そうした自分の変化も味わいましょう。

ここがポイント

- 1回目の速音読は、**できるだけ速いスピードで**読む
- 2回目の中速音読は、**普段より少し早口で**読む。スピードが落ちた分の余力を使って、英文の意味を意識しながら読もう
- 3回目の普通音読は、**無理のないスピードで**読む。さらに余力を使って、なりきって読もう。実際の話し相手を想像し、表情やジェスチャーもつけてみよう
- 音読は**続ければ続けるほど、自然と口がスムーズに**動くようになってくる。それを実感しながら続けていこう

実際にやってみよう！

英文スクリプトを見ながら、3 回音読しましょう。

1 回目「速音読」：自分の最高スピードで音読
2 回目「中速音読」：普段より少し早口（1.2 倍速）で音読
3 回目「普通音読」：無理のないスピードで音読

英文スクリプト

A　How's the construction project been going?

B　It's running behind schedule, but we should be able to complete it on time thanks to your help.

A　That's wonderful. By the way, our team is going to dinner tonight. Why don't you come along?

B　Sounds nice. Since I'm still new here, I'd like a chance to meet some more people.

A　Great. I'll get in touch with you later.

B　Thank you. See you around.

STEP
05

タニケイ式シャドーイング

リピーティング

目的

**英語の発音や音声の特徴をしっかりつかみ、
真似できるようにする**

ステップ4の音読で英語を話す口の準備体操ができたら、いよいよ音のトレーニングに入っていきます。ステップ5のリピーティングでは、音声を細かい単位で聞いて、聞いた音声をそっくり真似して話します。そうすることで、アクセントやイントネーション、リンキング（単語と単語がつながって違う音に変わる部分や、音が省略される部分）といった英語の音の特徴をしっかりつかむことができます。日本語とは異なる英語の発音を注意深く聞いて真似することで、着実に「自然な英語を聞き取れる耳」を作っていきます。このステップで英語の音の特徴をきちんとつかんでいるかどうかによって、この後のステップの効果が変わってくるので、ていねいに取り組みましょう。

実践方法

センテンスごとやポーズがあるところなど、音声を区切りのいいところまで聞き、そこまでを英文を見ながらそっくり真似して話します。最初のうちは、アクセント、イントネーション、リンキングなどのマークをスクリプトに書き込んで練習するのがおすすめです。目で見てわかるマークがあるだけで、音声を真似するときに、どのように話すといいのかのヒントになります。ただし、スクリプトを頼りすぎて、聴覚でなく視覚に意識が傾いてしまっては本末転倒なので、あくまで「音を聞いて真似をする」という意識を大事にしてください。

ここでのコツは、自分の思い込んでいる発音を一旦捨て、単語のスペルにもまどわされず、とにかく聞こえたままに発音してみることです。一つひとつの細かい発音や、アクセント、イントネーション、リンキングをできるだけていねいに真似しましょう。はじめは違和感があるかもしれませんが、先入観を捨ててネイティブの発音を受け入れることが、リスニング力を伸ばすために不可欠です。自分がその発音や音の特徴をしっかり真似して話すことができれば、必ず聞き取ることができます。

リピーティングを終える目安は、全部のセンテンスやフレーズを引っかからずにスムーズに言えて、聞いた音声とほぼ同じように言えていると思えることです。簡単なセンテンスだったら、１回のリピーティングでクリアできることもありますが、何度か練習が必要なセンテンスもあると思いますので、苦手な部分は繰り返し練習してみましょう。

ここがポイント

- 細かい発音や、アクセント、イントネーション、リンキングなど、**音の特徴をどれだけきちんとつかめるか**で、この後のステップの効果が変わる
- 最初のうちは、アクセント、イントネーション、リンキングなどのマークを**スクリプトに書き込もう**
- 自分の思い込んでいる発音は捨てて、**とにかく聞こえたままに真似しよう**

実際にやってみよう！

音声02

音声を何度か聞いて、アクセント、イントネーション、ポーズ、速いところ、リンキングなどを英文スクリプトに書き込んでみましょう。**66ページの「発音の書き込み例」**も参考にしてください。

その後、/（スラッシュ）が入っているところで区切りながら、真似をして話しましょう。

英文スクリプト

A　How’s the construction project been going? /

B　It’s running behind schedule, / but we should be able to complete it on time thanks to your help. /

A　That’s wonderful. / By the way, our team is going to dinner tonight. / Why don't you come along? /

B　Sounds nice. / Since I’m still new here, I’d like a chance to meet some more people. /

A　Great. / I’ll get in touch with you later. /

B　Thank you. / See you around. /

発音の書き込み例

A How's the construction project been going? /

B It's running behind schedule, / bu(t) we shoul(d) be able to complete it on time thanks to your help. /

A That's wonderful. / By the way, our team is going to dinner tonight. / Why don't you come along? /

B Sounds nice. / Since I'm still new here, I'd like a chance to meet so(me) more people. /

A Great. / I'll get in touch with you later. /

B Thank you. / See you around. /

書き込み用マーク一覧

- アクセント　That’s wonderful.
- イントネーション　How’s the construction project been going?
- ポーズ　By the way, our team ~
- 速いところ　our team is going to dinner tonight.
- リンキング①　I'll get in touch ~
（単語と単語がつながって音が変化する部分）
- リンキング②　bu(t) we should ~
（単語と単語がつながって音が省略される部分）

STEP
06

タニケイ式シャドーイング

オーバーラッピング

目的

音声と同時に話し、英語の音の特徴を定着させる

音声と同時に話していくオーバーラッピングをすることで、自分が話しているリズムやスピードが音声とずれているところを見つけます。特にオーバーラッピングでついていけない部分は、自分がスムーズに話せないだけでなく、聞いたときにも聞き取れないケースが多いのです。ですから、オーバーラッピングで苦手な部分を発見し、そこをていねいに練習することで、英語の音を正しく定着させ、リスニング力をアップさせることができます。また、自分の話す英語を英語らしい発音に変えるトレーニングにもなります。できるだけ、アクセントやイントネーションも音声と合わせるように意識してみましょう。

実践方法

流れる音声にぴったり重ねるようにして、同時に話していきます。英文スクリプトを見ながら話しましょう。何度かオーバーラッピングを続けると、音声のスピードについていける部分とついていけない部分に分かれていきます。ついていけないところが絞れたら、その部分を集中的に練習する「ポイント練習」に移りましょう。

ポイント練習の方法

①苦手な部分（センテンス、フレーズなど）の音声を繰り返し10回程度聞いて、音の特徴やリズムをつかみます。

②苦手な部分のうち、特に言いにくい単語や、単語のかたまりを探します。そこだけを区切って練習します。発音やアクセント、イントネーションを確認しながら、ゆっくり話しましょう。きちんと言えたら、だんだん速くしていきます。時々音声を確認しながら、自分のペースで練習しましょう。

③苦手な単語やかたまりを練習したら、①のセンテンスやフレーズの単位でつなげて練習します。ここでも、ゆっくりのスピードで始めて、だんだん速くしていきます。

④スムーズに言えるようになったら、その部分だけ音声を流してオーバーラッピングをしてみます。きれいに重ねて言えるようになったら、別の箇所のポイント練習に移りましょう。

オーバーラッピングでうまく言えない部分や、いつもスピードについていけない部分は、余計な発音をしていたり、リンキングなどの音の変化を真似できていない可能性が高いところです。ですから、ポイント練習では特に音声を注意深く聞き、真似して話せているかをしっかり意識しながら練習しましょう。きちんと話せるようになった部分は、あらためて音声を聞いてみると、しっかり聞き取れるようになっているはずです。ポイント練習をすることで、こうした効果を実感しやすくなりますので、面倒くさがらずに実践しましょう。

注意したいのは、いつまでも全体のオーバーラッピングを繰り返さないことです。苦手な部分を絞ってポイント練習に移らないと、毎回言える部分も練習していることになり、トレーニングの効率が悪くなってしまいます。最初の数回のオーバーラッピングは、言える部分と言えない部分を分けるつもりで実践しましょう。

ポイント練習で苦手なところを全てスムーズに言えるようになったら、全体のオーバーラッピングに戻ります。オーバーラッピングを終える目安は、自分の実感として飛ばさずに一通り言えて、最後は音声とほぼ同じタイミングで言い終われるようになることです。何度か安定してオーバーラッピングができる状態になるまでは、あせってシャドーイングに移る必要はありません。

ここがポイント

・いつまでも全体のオーバーラッピングを繰り返さない。うまく言えない**苦手な部分を見つけてポイント練習に移ろう**
・音声のスピードについていけない部分は、余計な発音をしていたり、リンキングを真似できていないところ。ポイント練習では、**音声を注意深く聞いて真似しよう**
・ポイント練習は、**小さな単語のかたまりから**始める
・ポイント練習は、ゆっくりのスピードから始めて、**だんだん速く**していこう

実際にやってみよう！

音声01

英文スクリプトを見ながら音声を流して、同時に話していきましょう。うまく言えない部分はポイント練習をします。

英文スクリプト

A　How's the construction project been going?

B　It's running behind schedule, but we should be able to complete it on time thanks to your help.

A　That's wonderful. By the way, our team is going to dinner tonight. Why don't you come along?

B　Sounds nice. Since I'm still new here, I'd like a chance to meet some more people.

A　Great. I'll get in touch with you later.

B　Thank you. See you around.

ポイント練習をしてみよう

たとえば、以下の１文がスムーズに言えなかったとします。

we should be able to complete it on time thanks to your help.

その場合、まずはこの部分の音声を繰り返し10回程度聞いて、発音やアクセント、イントネーションなどをつかみます。もし音をつかむのが難しければ、音声のスピードを遅くして聞くことをおすすめします。

音がつかめたら、細かい単位で練習を始めていきましょう。たとえば、should be というつながりでは、should の最後の [d] の音が弱くなり、ほとんど聞こえません。これを「should be, should be, should be...」と、何度か口に出して練習してみましょう。ほかにも、complete it はリンキングで [t] と [i] の音がつながっているため、「コンプリーティッ」のように発音します。

このように自分にとって難しい単語やつながりの部分を、ゆっくり口に出して練習し、だんだん速く話せるようにしていきます。スムーズに言えるようになったら、その前後の単語とつなげて少し長くしましょう。この場合は、少し難しい should be と complete it のかたまりがスムーズに言えるようになったら、文の前半部分の we should be able to complete it on time までをつなげて練習してみましょう。

それが言えるようになったら、後半の thanks to your help を練習しましょう。最後はこの文全体をつなげてなめらかに言えるように練習します。言えるようになったと思ったら、この文だけ音声を流して繰り返しオーバーラッピングをしてみましょう。

もし、全体的に口が回らないと感じたら、音声のスピードを遅くして練習しましょう。音声についていけるようになったら、徐々に元のスピードに戻していきます。

同じスピードで重ねられるようになりましたか？　1つの箇所がうまく言えるようになったら、次の苦手な箇所のポイント練習に移りましょう。

STEP
07

タニケイ式シャドーイング

シャドーイング

目的

英語の発音や音声の特徴をさらに定着させる
& その速さで意味を意識できるようにする

シャドーイングは、音声のすぐ後ろをShadow（影）のように追いかけて話し続けるトレーニング。一番の特徴はスクリプトを見ずに音だけを聞いて真似をするということです。これにより、英語の音の特徴をしっかりと耳に定着させることができます。ただ聞くのではなく、真似をしようとしながら聞くことで、音をとらえる効果を格段に上げることができます。また、意味を意識しながらのシャドーイングができるようになると、その速さで情報処理ができるようになっていくので、リスニング力だけでなく、リーディング力の向上にもつながっていきます。

実践方法

最終ステップのシャドーイングでは、英文スクリプトは見ません。音声を聞いて、その音声のすぐ後ろを、聞こえたとおりに追いかけて話していきます。音声の 0.5 秒後を追いかけるイメージで、聞こえた音を反射的にどんどん声に出していきます。間をあけすぎると、頭の中に一旦記憶した音を思い出しながら話すことになるので、難しくなります。英語の音が聞こえたら、意味を考えず、無心でその音を声に出していくようにしましょう。

ステップ 6 のオーバーラッピングまでずっと英文のスクリプトを見ながら練習していたので、スクリプトが自然と頭に浮かんでしまう人もいると思います。英文スクリプトが頭に浮かんでしまったら、音声のイントネーションを真似して追いかけることを意識しましょう。音程の上がり下がりという変化を真似しようとすると、自然と聞こえてくる音声に集中することができるので、英文スクリプトは頭の中から消えていきます。

シャドーイングを行うには高い集中力が必要ですが、実は、ある程度リラックスした状態でやるほうがうまくできるという面もあります。シャドーイングは「聞いた音を真似して話しながら、次の音声も聞き続ける」という複数の作業を並行して行うトレーニングですから、1 つのことに集中するのではなく、うまく意識を分散させることが必要なのです。

また、うまく真似できなかったときに「しまった」と動揺することもあると思いますが、そこであせってしまうと次の音が聞こえなくなってしまいますので、シャドーイングができているかどうかに一喜一憂せず、聞こえてきた音を淡々と真似するようにしましょう。

はじめのうちは、半分も言えなかったとしても大丈夫です。常に耳を澄ませて、音声に意識を集中させつつ、でも気持ちはゆったりと構えるつもりで取り組んでみましょう。

実際にシャドーイングをしてみると、元々なじみのあったフレーズや、オーバーラッピングでしっかりポイント練習をしたところは、口が勝手に動いてしまい、音声よりも速く話してしまう場合があります。正しい発音で話せていれば、リスニングをしたときにもきちんと聞き取れるはずですので、そのように部分的に音声を追い越してしまうのは問題ありません。ただ、全体的に音声よりも速く話してしまう場合には、シャドーイングではなく暗唱になってしまっているので、できるだけ「音を聞いてそれを真似する」ことを意識しながら取り組んでください。

うまくシャドーイングができない部分が見つかったら、ポイント練習をしましょう。シャドーイングのポイント練習のときには、スクリプトを見て英文を確認しながら練習して構いません。ただし、「音声を聞いて真似をする」という意識を忘れないようにしてください。スクリプトは補助的に見るだけです。

最初のうちは、意味を意識せず聞こえた音をただ真似して話すだけで構いませんが、そのシャドーイングに慣れてきたら、次は意味を考えながらシャドーイングしていきます。シャドーイングをしながら意味を意識できれば、その音声のスピードできちんと情報処理ができている、ということになります。この段階まで到達すれば、リスニングをしたときにかなり楽に聞き取れるようになります。

シャドーイング卒業の目安は、英語の音声より2秒遅れ以内で言い終えたことと、自分の感覚として大きく飛ばした部分なしに言えたことです。具体的には2単語以上飛ばさずに言えるのが理想です。

ここがポイント

- シャドーイングをするときは音声の **0.5 秒後**を追いかける
- 英文スクリプトが頭に浮かんでしまったら、**イントネーションを真似する**ことを意識すると、自然と音声に集中できる
- 「話すこと」「聞くこと」の両方にうまく意識を分散させよう。そのために、**ある程度リラックスしながら**シャドーイングをしよう
- 正確に音をとらえられていれば、**部分的に音声よりも速く話してしまうのは問題ない**
- 余裕が出てきたら、**英文の意味を意識しながらシャドーイング**をしてみよう

実際にやってみよう！

音声01

英文スクリプトを見ないで、音声だけを流して、その 0.5 秒後を追いかけて話していきましょう。ついていけない部分はポイント練習をします。

何度も繰り返して、もし余裕が出てきたら、意味を考えながらのシャドーイングにもチャレンジしてみましょう。

タニケイ式シャドーイング

1日30分×7日間 実践スケジュール

タニケイ式シャドーイングの各ステップについて説明してきましたが、ここからは実際にタニケイ式シャドーイングを続けていくための実践スケジュールをモデルプランとして紹介します。

タニケイ式シャドーイングでは、1日30分×7日間で1つの教材を卒業することを目安にします。毎日トレーニングする教材を変えるのではなく、7日間同じ教材を使ってじっくりトレーニングをしていきます。

1週間ずっと同じ教材を使い続けると聞くと、「とても地道なトレーニングだな、続くかな」と不安になるかもしれません。また、「毎日7ステップも取り組める気がしない」と思うかもしれません。しかし安心してください。ステップ1からステップ7を毎日繰り返すわけではありません。トレーニングは日ごとに取り組むステップが少しずつ変化していきますし、回数を重ねるほど自分ができるようになっている実感を持つことができるので、飽きずに続けられるはずです。

また、このモデルプランでは、1日30分で無理なくできる量を設定しています。まずは、このプランに沿って、7日間のタニケイ式シャドーイングを実践していきましょう。ただし、7日間というのはあくまで目安ですから、もっと早くシャドーイングまでできるようになったら、卒業して次の教材に移って構いません。

1 日 30 分 × 7 日間のモデルプラン

DAY 1

STEP 01　リスニング（1 回）
↓
STEP 02　ディクテーション（聞き直しは 3 回まで）
↓
STEP 03　黙読理解（100% 理解できるまで）

初日は、準備のステップです。ステップ 3 の黙読理解は、選んだ教材の難易度や、自分の単語力、文法力により、必要な時間が変わってきます。十分な単語力と文法力があり、音が聞き取れないだけでしたら、30 分もかからずにこの 3 ステップを終えてしまうと思いますので、その場合はステップ 4 の音読に進んでも構いません。

DAY 2

STEP 01　リスニング（1 回）
↓
STEP 04　音読（3 回：スピードを変えながら）
↓
STEP 05　リピーティング（1 回ずつ以上）
↓
STEP 06　オーバーラッピング（苦手な箇所を特定する）

まずは、リスニングでネイティブの音声を聞き直すところから始めましょう。初日は、「どこが聞き取れないのか、その理由は何か」を確認する準備のステップでしたが、2日目からは、いよいよ口を動かすトレーニングに入ります。

リスニングを終えたら、音読をして英語を話すための口の筋肉をほぐしていきましょう。速音読・中速音読・普通音読と速度を変えながら、前日に黙読理解で確認した英文の意味も考えながら話すようにしていきましょう。

ステップ6のオーバーラッピングは時間のかかるステップですので、1日でできるようにならなくても大丈夫です。2日目の段階では、何回か繰り返してみて、スピードについていけない部分、口が回りにくい部分はどこなのか、苦手箇所を特定しましょう。

DAY 3-4

STEP 01　リスニング（1 回）

↓

STEP 04　音読（3 回：スピードを変えながら）

↓

STEP 06　オーバーラッピング（ポイント練習を大事に）

3 日目以降は、毎日必ず、最初にリスニングでネイティブの音の聞き直しをし、音読で口の準備体操をしましょう。

オーバーラッピングでは、苦手箇所を見つけてポイント練習をすることが大事です。ポイント練習は、ゆっくりから始めてだんだんスピードを上げていきましょう。あせらずに何日間かにわたって練習するつもりで構いません。そして、ポイント練習で苦手箇所を全部クリアしたら、全体を通してオーバーラッピングをしてみましょう。苦手だった部分がスムーズに言えるようになっていて驚くはずです。

STEP 01　リスニング（1回）

↓

STEP 04　音読（3回：スピードを変えながら）

↓

STEP 06　オーバーラッピング（全体をスムーズに言えるまで）

↓

STEP 07　シャドーイング

5日目からは、いよいよシャドーイングに入っていきます。この段階では、はじめは聞き取れなかった音も、聞いてすぐに真似ができるくらい定着してきているはずです。ただ、もし何度かシャドーイングをしてみて「音がしっかり聞き取れていない」「うまく真似できていない気がする」と感じる場合には、リピーティングやオーバーラッピングに戻ってみましょう。

以上、タニケイ式シャドーイングの1日30分×7日間の実践スケジュールでした。これはあくまでモデルプランですので、自分の得意、不得意によって、必要なステップにかける時間を調節していただいて構いません。慣れてきたら、タニケイ式シャドーイングをどんどん自分流に変えていきましょう。

シャドーイングに役立つ音声再生アプリ

タニケイ式シャドーイングをできるだけ快適かつ効率的に進めるために、スマートフォンやタブレットで使える音声再生アプリを活用することをおすすめします。音声再生アプリには、音声の再生速度を変えることができたり、範囲を指定してリピートすることができたりと、さまざまな機能がついています。

数ある音声再生アプリの中でも特にタニケイ式シャドーイングに最適なのが、「Audipo」というアプリです。Audipo は iOS、Android ともに対応した無料アプリです（有料版もありますが、タニケイ式シャドーイングに使用するには無料版で十分です）。iOS 版と Android 版で多少機能に差はありますが、どちらでもタニケイ式シャドーイングに使用することができます。ここでは、Audipo の役立つ機能とタニケイ式シャドーイングでの活用法について紹介していきます。

Audipo の役立つ機能

① AB 間再生の複数セット

一般的な音声再生アプリでは、AB 間再生（範囲を指定した再生）の範囲指定が１箇所しかできないのですが、Audipo では、複数箇所に再生開始位置をセットできるので、それを使って AB 間再生の範囲を複数セットしておくことができます。

②速度調整

音声の再生速度を調整できます（iOS 版は 0.5 倍～２倍、Android 版は 0.25 倍～４倍）。

Audipoを使ってタニケイ式シャドーイングをしてみよう

タニケイ式シャドーイングの7ステップのうち、Audipoを使用するのは次の5ステップです。

ステップ1　リスニング（音声を聞く）
ステップ2　ディクテーション（書き取りをする）
ステップ5　リピーティング（少しずつ音声を聞いて真似する）
ステップ6　オーバーラッピング（音声と同時に話す）
ステップ7　シャドーイング（音声を聞いて後を追いかける）

それぞれのステップでどのようにAudipoを活用すればいいのか、説明していきます。

ステップ1　リスニング

Audipoを使って、音声を最初から最後まで通して聞きます。

ステップ2　ディクテーション

Audipoを使って、音声を流し、書き取りをしていきます。1文ずつ、もしくは区切りのいいところまで音声を流し、音声を止めて、書き取りをして、また音声を再生する、というのを繰り返します。

ステップ5　リピーティング

Audipoで、1文ずつ、もしくは区切りのいいところまで音声を聞いて、その音声を真似して話します。リピーティングのときにはAB間再生を複数セットしておくと便利です。音声の区切りがよいところで、黄色の▽マークを追加しておけば、練習したい範囲だけを何度も繰り返し練習することができます。

ステップ 6　オーバーラッピング

オーバーラッピングは、スクリプトを見ながら音声と自分の声を重ねて話す練習です。音声が速くて全体的についていけない場合には、Audipoの速度調整機能を使って、一旦スピードを遅くして練習しましょう。その後、徐々に元のスピードに戻していきます。

オーバーラッピングをしていて苦手な箇所が出てきたら、AB 間再生機能を使って集中的にポイント練習をしましょう。いつまでも全体のオーバーラッピングを続けるよりも、早めに苦手な部分を見つけて集中的に練習したほうが効率的です。

ステップ 7　シャドーイング

シャドーイングは、スクリプトを見ずに、音声のすぐ後ろを追いかけて話す練習です。オーバーラッピングのときと同様、もし音声が速いと感じたら音声速度を遅く設定し、だんだん速くしていきましょう。

何度かシャドーイングをしてみて、毎回追いかけられない箇所が見つかったら、AB 間再生機能を使ったポイント練習に戻って、追いかけられるようになるまで練習しましょう。

Audipo の使い方詳細

① AB 間再生の複数セット

A 地点と B 地点をセットする際に使うのが、下から 2 段目の［▽+］ボタンです。音声を流して AB 間再生をセットしたい箇所のはじめ（A 地点）と終わり（B 地点）のタイミングで［▽+］ボタンを押します。

のマークを ON にして再生すると、音声ライン上の 2 つの▽マークの間（AB 間）の音声がリピート再生されます。この▽マークは複数セットすることができ、複数セットした場合は［▽←］［→▽］ボタンで前後の▽マークに移動できます。

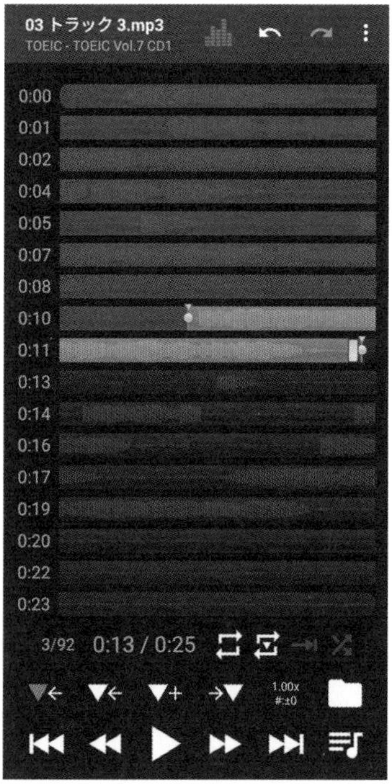

②速度調整

音声速度を変えて再生したい場合は、〔1.00 ×〕ボタンを押して好きな速度に変えます。

以上、Audipoの機能とタニケイ式シャドーイングでの活用法、詳細な使い方を紹介しました。

その他、有料ではありますが、iOSで使える音声再生アプリの「mimiCopy」も、音声が波形で見えるため再生したい部分が見つけやすく便利です。

PCで使える音声再生ソフトの「Audacity」もおすすめです。Audacityを使うと音声編集が簡単にできるため、自分で複数のmp3ファイルの音声をつなげて1つのファイルにしたり、不要な部分をカットしたり、空白を入れたりすることもできます。

通勤時間や自宅でのちょっとしたスキマ時間でも、こうしたアプリやソフトを使うと効率的にタニケイ式シャドーイングを実践できます。特に忙しい社会人は、自宅などの落ち着ける場所で30分のまとまった時間を作ることはなかなか難しいと思います。1日30分のトレーニング時間は、細切れの時間の積み上げで構いませんので、便利なツールを活用したり、やり方を工夫しながら、使える時間をどんどんトレーニングにあてましょう。

タニケイ式シャドーイングについてのQ&A

ここでは、タニケイ式シャドーイングの講座受講者やトレーニング実践者の方からよく受ける質問をQ&Aとしてまとめました。これからトレーニングを始める方も、始めてから疑問が出てきた方も、ぜひこちらを参考にしてみてください。

Q1.　タニケイ式シャドーイングの教材は、どのくらいの長さのものを使うのがおすすめですか？

初めてシャドーイングに取り組む方は、慣れるまで無理をせず、20秒〜30秒の短めの音声を使って始めましょう。慣れてきたら、だんだん長いものに変えていきます。シャドーイングはとても集中力の必要なトレーニングですので、5秒長くなるだけでもつらく感じます。リスニング力を伸ばすための筋トレのようなものなので、もちろん多少の負荷は必要ですが、あまりにつらいと挫折しやすくなりますので、自分の感覚と相談しながら、無理のないペースで長くしていってください。

単語力や文法力に自信がなく、20秒の音声でもシャドーイングが難しいと感じる方は、TOEICのPart 1、Part 2などの短い文から練習を始めるのがおすすめです。単語についてはタニケイ式シャドーイングでも覚えていくことができますが、文法については「**コラム3 大人のためのやり直し英文法**」を参考に、一通り復習することをおすすめします。

ちょうどいい長さの教材が見つからない場合には、その一部を使うようにしましょう。たとえば、ニュースの冒頭の1段落を使ったり、映画やドラマのワンシーンだけを使ったりします。

慣れてきたら必ず長い音声のシャドーイングもできるようになっていきますので、最初から無理をせず、徐々に伸ばしていくようにしましょう。

Q2.　この７ステップを毎日繰り返すのですか？

毎日この７ステップを繰り返すのではなく、７日間かけて少しずつ７ステップを実践していきます。１日あたりのトレーニング時間の目安は30分です。**78ページから**「１日30分×７日間のモデルプラン」を紹介しましたが、再度概要をまとめます。

DAY 1

ステップ１　リスニング（１回）
ステップ２　ディクテーション（聞き直しは３回まで）
ステップ３　黙読理解（100％理解できるまで）

DAY 2

ステップ１　リスニング（１回）
ステップ４　音読（３回：スピードを変えながら）
ステップ５　リピーティング（１回ずつ以上）
ステップ６　オーバーラッピング（苦手な箇所を特定する）

DAY 3-4

ステップ１　リスニング（１回）
ステップ４　音読（３回：スピードを変えながら）
ステップ６　オーバーラッピング（ポイント練習を大事に）

DAY 5-7

ステップ１　リスニング（１回）
ステップ４　音読（３回：スピードを変えながら）
ステップ６　オーバーラッピング（全体をスムーズに言えるまで）
ステップ７　シャドーイング

卒業の目安は、英語の音声より２秒遅れ以内で言い終えたことと、自分の感覚として大きく飛ばした部分なしに言えたことです。

Q3.　通勤時間を活用したいのですが、タニケイ式シャドーイングは電車の中でもできますか?

ぜひ通勤時間を活用してください。たとえば電車の中では、7ステップのうち、声を出す必要のないリスニングや黙読理解のステップはもちろんできますし、マスクをして声を出さずに口を動かすだけにすれば、音読、リピーティング、オーバーラッピング、シャドーイングのステップもできます。

もちろん、実際に声を出したほうが効果は高いのですが、声を出せなくても音声を真似するつもりで口を動かしてトレーニングをすれば、ただ聞くだけよりもずっと効果があります。

そのようにすれば、ディクテーション以外のステップは全て電車の中でできます。忙しい社会人の方も、通勤時間を使うと、このトレーニングを継続しやすくなります。

電車以外でも、歩いているときや、カフェなどの騒がしい場所では、多少声を出しても周りには気付かれません。慣れてくると、周りも気にならなくなります。ただ、歩いているときには、集中しすぎてしまうと危ないことがありますので、気を付けてください。

私は、電車内でマスクをしてシャドーイングをしますし、道を歩いているときにも、片方だけイヤホンをして、車などに注意をしながらシャドーイングをします。また、集中してシャドーイングをしたいときには、屋外の道路よりも安全な場所として、デパートのフロアをぐるぐる歩きながらシャドーイングをしたりもします。

自宅でやるよりも、歩きながら、動きながらトレーニングをするほうが、集中できて時間が経つのが早く感じられるという効果もあります。スポーツジムに通ったり、ウォーキングをしたりする習慣がある人は、英語のトレーニングも同時にしてみてはどうでしょうか。また、自宅のようにすぐに休憩できる場所だと誘惑が多いので、そういう意味でも外でトレーニングをするのはおすすめです。

Q4. オーバーラッピングやシャドーイングで全体的に口がスムーズに動かないのですが、どうすればいいでしょうか？

ある特定の箇所だけでなく、全体的に口が回らない場合は、ステップ4の音読に戻って、口の準備体操から始めましょう。オーバーラッピングやシャドーイングでは口をかなり忙しく動かしますので、きちんと準備体操をすることが必要です。また、英語を話すときと日本語を話すときでは、使う口の筋肉が違います。英語を話す口を作るためにも、トレーニングの前半では音読をして、口の準備をするように心がけましょう。

特に、これまで音読などの口を動かすトレーニングをしてこなかった方は、しばらくの間、意味はわかるのに口が動かない、音はつかめているのにスムーズに真似ができない、というもどかしい状態が続くかもしれません。でも、続けていくうちに口が回るようになっていきますので、その変化を楽しみに続けてみてください。

ただ、発音にクセがあって余計な音を発音してしまっている場合には、どうしても英語を話すのがぎこちなくなります。自分の発音がネイティブの発音と違いすぎる、日本語発音のような気がする、と思う方は、**第6章**を参考に発音を改善していきましょう。発音はリスニングと密接な関係があります。自分で正しい発音ができなくても聞き取れることもありますが、自分が正しい発音で話せるようになってしまったほうが、リスニング力は確実に上がりますし、英語のコミュニケーションにおいてプラスになります。ぜひ、発音に敏感になり、口の筋トレをするつもりで英語を話す練習をしましょう。

オーバーラッピングやシャドーイングでどうしても音声のスピードについていけない、という場合には、一旦音声の速度を落として練習するのがおすすめです。口が回らないのではなく、音を正しくとらえられていない可能性もあります。**83ページから**紹介したAudipoなどの音声再生アプリを使用して、音声速度を0.8倍速に落とし、何度か聞いて音をとらえましょう。そのスピードで重ねられるようになったら少しずつスピードを上げていって、最終的に元の速さで言えるようにしましょう。

Q5.　イントネーションやアクセント、リズムが真似できていない気がするのですが、どうすればいいでしょうか？

タニケイ式シャドーイングは、音をできるだけ真似して言うことで効果が出るトレーニングなので、真似できていない気がするときは、音声をしっかり聞き直して、イントネーション、アクセント、リズムをていねいにつかみましょう。

トレーニングを始めたばかりの頃は、リピーティングのときに、イントネーション、アクセント、リンキング、リズムなどをスクリプトに書き込むのがおすすめです。そして、オーバーラッピングのときにそれを見ながら練習します。1回聞いただけで音声と全く同じように話せる人はほとんどいません。まずはスクリプトに書き込んだマークをヒントに練習していきましょう。イントネーションは音の高低に合わせて手を上げたり下げたりする、アクセントは強い部分で手を叩く、などの動作を付け加えて印象づけるのも効果的です。

イントネーションやアクセントといった英語の音の特徴は日本語とは違うものなので、この特徴に慣れていないだけで英語が聞き取りにくくなります。反対に、こうした特徴をしっかり自分でも真似して出せるようにすると、リスニングをしたときにも、その特徴に合わせて大事な部分を聞き取れるようになっていきます。

音声と重ねて話していくオーバーラッピングは、イントネーション、アクセント、リズムが音声と合っているかどうかを確認しやすいステップです。オーバーラッピングで、音声とずれが生じるということは、イントネーションやアクセントなど、何かの要素が正しく真似できていない証拠です。そうした箇所が見つかったら、音声を何度も聞いて、正しい音声に近づけるように練習してみてください。

イントネーション、アクセント、リズムなどは、意識しながら聞き、声に出すことで、そのうちスクリプトに書き込みをしなくても耳でキャッチして真似できるようになっていくので、安心してください。

Q6. オーバーラッピングではついていけるが、シャドーイングになるとついていけないのは、なぜでしょうか？

オーバーラッピングまでは、ずっとスクリプトを見ながら話していたので、スクリプトに頼って話していただけで、実はまだ英語の音を正確にとらえられるようになっていない可能性があります。単にスクリプトを早口で音読していた、という状態です。

その場合、スクリプトが見られなくなった途端についていけなくなるのは仕方のないことです。オーバーラッピングの段階から、なるべく音声と音を重ねて話すことを意識することで、この問題に対処することができます。音声がきれいに重なっていないところや、発音がどこか違うと違和感を覚える部分を見つけたら、しっかりポイント練習をして得意にしていきましょう。

オーバーラッピングではついていける、ということは、口はそのスピードで動くようになっています。あとは自分が話すことだけに一生懸命にならず、聞こえてくる音声にも意識を向けながら、それと同じように話すつもりで、オーバーラッピングをしましょう。その意識でオーバーラッピングができるようになったら、再度シャドーイングにチャレンジします。シャドーイングに移ると、スクリプトを見られないので、音声に頼るしかなくなります。最初のシャドーイングでは、うまく追いかけられない箇所がたくさんあると思いますが、繰り返すとだんだん言える箇所が増えていきます。何回シャドーイングをしても追いかけられない部分が見つかったら、そこが苦手な箇所ですので、ポイント練習をしましょう。

また、シャドーイングをするときには、音に集中するためにイヤホンを使ってみてください。自分のシャドーイングをしている声すら邪魔になってしまいますので、自分の声も邪魔にならない程度に音量を調整します。さらに集中したい場合には、目を閉じてシャドーイングしてみることをおすすめします。視覚を使わないと、その分聴覚が鋭くなるので、音を聞き取りやすくなります。このタニケイ式シャドーイングを続けていくと、集中力も上がっていくので、だんだんイヤホンを使ったり目を閉じたりしなくてもうまくできるようになっていきます。

Q7.　シャドーイングをしているとき、スクリプトを暗唱してしまっているような気がするのですが、どうすればいいでしょうか？

オーバーラッピングまでの段階で、英文スクリプトを見ながら何度も同じ英文を口にしているので、スクリプトを暗記してしまうこともあると思います。それ自体は自然なことで、決して悪いことではありません。

ただ、シャドーイングの最中に暗唱している感覚があるということは、聞こえてくる音に集中できていない可能性があります。シャドーイングでは、スクリプトの記憶をたどるのではなく、音に集中し、聞こえてきたものをそのまま追いかけて口に出すことを強く意識しましょう。そうすると、暗唱している感覚はなくなっていきます。

また、ていねいにポイント練習した箇所は、口が覚えてしまって、フレーズやセンテンスが、まるでかたまりになって口から飛び出てくるような感覚になることがあります。ポイント練習でしっかり正しい音がつかめていれば、リスニング力アップの効果は出ますので、問題ありません。

シャドーイングで全体的に元の音声を追い越してしまうという場合には、シャドーイングになっていませんので、しっかり音を聞いて追いかける意識を取り戻すように気を付けてください。「聞こえたらすぐ言う」という意識を持ち続けます。

Q8.　ディクテーションのステップが面倒で、続きそうにありません。このステップを省略してもいいでしょうか？

ステップ２のディクテーションは、音として聞き取れていない箇所を明確にできるので、自分の弱点を見つけるのに有効な準備段階のステップです。しかし、書き取りをするため、ある程度時間もかかりますし、落ち着いて音声を聞いて、書ける場所が必要になるため、面倒に感じたり、なかなかできるタイミングがないという人もいるでしょう。

もし、ディクテーションのステップが原因で、タニケイ式シャドーイング全体が続きそうにない場合には、ディクテーションの代わりに「リプロダクション」を実施してください。

リプロダクションとは、センテンスごとやポーズがあるところなど、音声を区切りのいいところまで聞き、そこまでを真似して話すことです。リピーティングと違うのは、英文スクリプトを見ないということです。つまり、耳だけで聞き取り、それを思い出して再生するのです。かなり難しいのですが、再生できるということは、しっかり聞き取れている証拠です。あやふやな箇所は聞き取れていない可能性が高い部分です。

ディクテーションのほうが、聞き取った部分を書き取るため、自分が聞き取れなかった箇所を正確に確認でき、その後のトレーニングで注力すべき部分がしっかりとわかります。リプロダクションは、それよりは精度が落ちますが、自分が聞き取れていないところをある程度確認することができる、という点では、「やらないよりもやったほうがいい」ステップなのです。

声に出してリプロダクションをすることが難しい場合には、頭の中で再生する形でも構いません。

COLUMN 2

私自身のシャドーイング体験談

人によって、英語学習の目的や、現状の英語レベル、目標とする英語レベルは当然違いますが、本書で紹介している7ステップのタニケイ式シャドーイングは、使う教材の内容やレベルを変えることで、どんな目的であっても、そしてどんな英語レベルの人でも活用することができます。

このトレーニングは、私自身の体験をもとに作ってきたトレーニングですが、ここでは、私がこのトレーニングにたどり着くまでの経緯と、私自身がどのようにこのトレーニングを活用してきたかをお伝えしたいと思います。

私は2002年に大学を卒業しましたが、英語を使う仕事へのあこがれとITへの興味から、外資系IT企業に就職しました。中学時代から英語は得意科目で、大学受験でも英語が得点源、大学時代に受けたTOEICは790点で、英語は得意なほうだと自負していました。しかし、実際に英語を使う仕事を始めてみると、私の英語力は使い物になりませんでした。メールは時間をかければ何とか読み書きできるものの、電話やテレビ会議となると、聞き取れない、話せない、という状態だったのです。

社内の英語研修を受けたり、自分で英会話スクールに通ったりしながら、何とか英語力を上げようとしました。レベルチェックとモチベーションキープのために、TOEICも毎年のように受験していましたが、スコアが上がってもリスニングがしっかり聞き取れている実感はなく、仕事でもやはり電話になると聞き取れないことが多くありました。そんなときには「今話した内容を念のためメールでも送ってください」とお願いしたり、チャットに切り替えてもらったりして、何とか切り抜けていました。文法をやり直したり、TOEICの問題集を何度も解いたりして、リーディング力や問題を解く力は上がっていきましたが、リスニングの実力はなかなか上がりません。

TOEICの公式問題集の音声をひたすら聞き流してみたり、もしかするとTOEIC以外のものを聞いたほうが効果があるのかもしれないと、CNNなどのニュースを意味もわからないまま聞いてみたり、何冊もリスニング対策の本を買って付属CDを聞きながら通勤したり、ポッドキャストを聞いてみたり、生の英会話もしたほうがいいだろうとマンツーマンの高価な英会話スクールに通ってみたりと、さまざまな方法を試してきましたが、リスニング力が上がっていく実感はありませんでした。**「どうしたらこれ以上リスニング力を伸ばせるのだろう」と壁を感じたまま、何年も過ごしました。**

そんな英語学習の放浪者だった私に転機が訪れたのが2009年。当時勤めていた会社の英語研修で**初めてシャドーイングに出会った**のです。正確にいうと、その前にシャドーイングという言葉を聞いたことはあったのですが、実践したことはありませんでした。難しそうだし、通訳などのプロのためのトレーニングだろうと思っていました。しかし、この英語研修では、シャドーイングが宿題になっており、その練習成果をペアでチェックし合うことになっていましたので、やらざるを得ませんでした。

使った題材は、研修会社オリジナルのテキスト。ビジネス系のストーリーで、会話が中心でした。TOEICのPart 3の難しめの会話と同じくらいのレベルだったと思います。リアルな設定で、時々プライベートな話も入ってきたりして、ストーリーが面白かったのを覚えています。

最初は**何度もシャドーイングに挫折しそうになりました。**シャドーイングは、英文を見ないで音だけを聞いて追いかけて話すもの。つまり「聞く」と「話す」を同時にやらなければいけない、とても高度なトレーニングです。音が聞き取れなかったり、自分の口がスムーズに動かなかったりして、なかなか思うようにシャドーイングができませんでした。自分の発音にも違和感を抱きましたが、どう直せばいいのかわかりませんでした。

その大変さに、同じクラスの受講者の何人かは脱落していきました。私も何度もやめてしまおうかと思いましたが、1週間も続けていくと、**最初は全く聞き取れなかった部分の音声が、シャドーイング後には100%聞き取れるようになっていくのを実感**し、これは続ければ本当に効果の出るトレーニングだ、と思うようになったのです。

シャドーイングを続けていくと、それまでにやってきた聞くだけのリスニング練習と違い、**聞こえなかった音が明らかに聞こえるようになっていきました。**実際には、聞こえなかった音が聞こえるようになったわけではなく、自分の中にある英語と聞こえてくる英語の音がどんどんマッチングできるようになっていったわけですが、私にとっては、「聞こえるようになった！」という感覚でした。

もっと楽にシャドーイングができるようになれば、続けやすくなるのではと思い、準備をしてからシャドーイングをしてみることにしました。**そしていろいろと試行錯誤した結果、本書で紹介している7ステップのタニケイ式シャドーイングに行き着いたのです。**

しかも、この7ステップでやっていくと、単純にシャドーイングだけをやるよりも、ずっと大きな効果が得られることにも気付きました。黙読理解でしっかりと意味がわかったうえでシャドーイングに入れるので、慣れてくると意味を意識しながらのシャドーイングができるようになります。それにより、情報処理の速度、つまり英語を聞いたり読んだりして理解できる速度も上がっていきました。また、ポイント練習で苦手な箇所を何度も口に出して練習するため、発音が改善し、英語らしく話せるようになっていきました。

タニケイ式シャドーイングを始めてからは、シャドーイングの効果もさらに実感しやすくなり、どんどん楽しくなりました。3ヶ月の研修の途中から、シャドーイングが宿題ではなくなりましたが、その後も私は1人でその教材のシャドーイングを続けました。そして、研修の受講を終えた直後の2009年7月に受けたTOEICで、その成果が出たのです。

◆ TOEIC対策へのシャドーイング活用

- **トレーニング時期**：2009年4月〜6月（約3ヶ月）
- **トレーニング前**：TOEIC835点（リスニング400点台前半）
- **トレーニング後**：TOEIC980点（リスニング満点：495点）
- **使った教材**：会社の英語研修のテキスト（ビジネス系の会話）
- **毎日のトレーニング時間**：30分（毎日寝る前に）
- **トレーニングの効果**：
  聞き取れない部分を集中して何度も聞き直し、自分でも口にすることで、音のつながり（リンキング）や英語の音の特徴に対する苦手意識がなくなっていった。毎日英語を集中して聞いていたため、TOEIC本番でも音声がクリアに聞こえて、初めて「しっかり聞き取れる」という実感を得ることができた。

このようにTOEICで明らかな効果を確認できた私は、このシャドーイングというトレーニングを周りの人にも広めたいと思い立ちました。最初は友人や同僚との英語勉強会を開いてシャドーイングをおすすめしていましたが、2013年に会社を辞めて独立し、英語学習コーチとなって、この7ステップのタニケイ式シャドーイングを電子書籍やブログ、セミナーを通じて広めることにしたのです。

そして、2015 年の末、再びこのタニケイ式シャドーイングの効果を自ら実感する機会がありました。それは、TOEFL 対策への活用でした。TOEIC 対策を実施したときよりも 1 日あたりのトレーニング時間を増やして、1ヶ月半という短期集中のトレーニングを実施した結果、TOEFL でもリスニング満点という結果を出すことができたのです。

◆TOEFL 対策へのシャドーイング活用

- **トレーニング時期**：2015 年 11 月～12 月（約 1ヶ月半）
- **トレーニング前**：TOEFL iBT 85 点（リスニング 20 点）
- **トレーニング後**：TOEFL iBT 105 点（リスニング満点：30 点）
- **使った教材**：
  『The Official Guide to the TOEFL Test』
  （McGraw-Hill）
  『TOEFL テスト基本ボキャブラリー 2000 語』
  （KADOKAWA/ 角川マガジンズ）
- **毎日のトレーニング時間**：60 分（スキマ時間の積み重ね）
- **トレーニングの効果**：
  TOEFL によく出てくる分野の単語や表現に音で慣れることができた。5 分程度の長いアカデミックトピックを聞き続ける集中力が身に付いた。キャンパスでの学生同士の会話や、学生と教授との会話などで使われる、ナチュラルなフレーズ、表現、話し方に慣れた。

私自身、こうして、TOEIC と TOEFL という 2 つのテストでシャドーイングの成果を出すことができましたが、これは私が特別なわけではありません。タニケイ式シャドーイングの講座を受けて一定期間トレーニングを継続された方の多くが、TOEIC スコアを上げたり、リスニング力アップを実感して、わざわざ喜びの声を伝えてくれます。トレーニング期間や効果が出る時期については差があり、1ヶ月で早くも成果が出たという人もいれば、1 年続けて TOEIC のリスニングが満点になったという人もいます。

いつから始めても遅くないトレーニングではありますが、私自身はシャドーイングの効果を実感したとき、「もっと早くシャドーイングに出会いたかった」と強く思いました。ぜひ、本書を読んでいるあなたも、今日から早速トレーニングを始めてみてください。

CHAPTER

3

第3章

3ヶ月のタニケイ式シャドーイングを実践してみよう - 練習教材12回分 -

3ヶ月のタニケイ式シャドーイングを実践してみよう -練習教材12回分-

さて、いよいよ実際にタニケイ式シャドーイングを実践していきましょう。ここでは12回分の教材を用意しました。1回につき1週間かけると3ヶ月分の教材になります。

教材の英文は、TOEICでもよく出てくるようなビジネスシーンを想定しています。Practice 01～03が「オフィス会話」、Practice 04～06が「電話対応」、Practice 07～09が「ミーティング」、Practice 10～12が「プレゼンテーション」となっています。

取り組む順番は決まっていませんが、後半に進むにつれて英文の難易度が上がりますので、Practice 01から始めることをおすすめします。もし、最初のほうが簡単に感じるようでしたら前半は飛ばして後半から始めても構いません。

また、タニケイ式シャドーイングでは1つの教材に1週間程度かけることを目安にしていますが、それは自分のレベルに合った教材を使った場合です。本章の練習教材については、1週間以上かかっても構いません。1週間もかからずに7ステップを卒業してしまった方は、どんどん次の教材に進んでください。自分のレベルに合わせて取り組んでいきましょう。

自分の好きな教材を選んでタニケイ式シャドーイングをしたい場合には、**第4章**で教材の選び方やおすすめ教材を紹介していますので、参考にしてください。

教材の使い方

・音声

各教材に対応する音声のファイル番号が英文スクリプトの左上に書いてありますので、この音声を聞きながら進めましょう。音声のダウンロード方法については**16、17 ページ**を参照してください。

・英文スクリプト

基本的には英文スクリプトを使ってトレーニングをしていきますが、ステップ２のディクテーションの答え合わせの段階まではスクリプトは見ないようにしましょう。

ステップ５のリピーティングでは、音声の特徴をつかむため、アクセント、イントネーション、リンキング、ポーズ、スピード（速いところ）などを英文スクリプトに書き込んでみましょう。

・日本語訳

日本語訳は「ステップ３ 黙読理解」で使用します。英文スクリプトと照らし合わせて、わからなかった単語や文法などを確認してください。

・**学習記録**

本書のトレーニングに限らず、英語学習については学習記録をつけることをおすすめします。本書では次のような学習記録を書き込むための表を用意しています。

学習記録　1 リスニング／2 ディクテーション／3 黙読理解／4 音読
5 リピーティング／6 オーバーラッピング／7 シャドーイング

実施したステップに ✔ をしよう！

日付	1	2	3	4	5	6	7	卒業
								／

縦軸が日付、横軸がタニケイ式シャドーイングの7ステップです。学習した日付を書き込み、取り組んだステップの欄にチェックを入れましょう。「ステップ7　シャドーイング」ができるようになったら卒業です。卒業の欄に日付を記入して、次の回に進みましょう。

自分がどれだけ取り組んだかを目に見える形で残すと、モチベーションアップにもつながります。表をどんどんチェックで埋めていきましょう！

毎日の進め方は、下の「1日30分×7日間のモデルプラン」を参考にしてください。

DAY 1

ステップ1　リスニング（1回）
ステップ2　ディクテーション（聞き直しは3回まで）
ステップ3　黙読理解（100%理解できるまで）

DAY 2

ステップ1　リスニング（1回）
ステップ4　音読（3回：スピードを変えながら）
ステップ5　リピーティング（1回ずつ以上）
ステップ6　オーバーラッピング（苦手な箇所を特定する）

DAY 3-4

ステップ1　リスニング（1回）
ステップ4　音読（3回：スピードを変えながら）
ステップ6　オーバーラッピング（ポイント練習を大事に）

DAY 5-7

ステップ1　リスニング（1回）
ステップ4　音読（3回：スピードを変えながら）
ステップ6　オーバーラッピング（全体をスムーズに言えるまで）
ステップ7　シャドーイング

・発音の書き込み例

ステップ５のリピーティングの際に、発音の特徴をしっかりつかむようにすると、リスニング力アップの効果が高まります。特にリンキング（単語と単語のつながり部分で音が変化したり、消えたりするところ）は、リスニングが難しくなる原因の１つですので、意識しましょう。

書き込み用マーク一覧

アクセント ／　　イントネーション ↷

ポーズ ∨　　速いところ →

リンキング①（単語と単語がつながって音が変化する部分） ‿

リンキング②（単語と単語がつながって音が省略される部分） ( )

・発音ポイント

マークで書き入れた特徴的な発音のうち、特に難しいと思われるところについて、説明を加えています。リンキングを中心に解説しています。

単語と単語のつながり部分における音の変化（リンキング）

英語では、単語と単語がつながる部分で音が変化する現象がよく起こり、これは一般的に「リンキング」と呼ばれます。詳しくは**第６章**で解説しますが、ここでは主な音の変化のパターンを紹介します。なお、これらはよく起こる変化ですが、スピードがゆっくりの場合や、発音の仕方によっては、変化が起こらない場合もあります。

①音がくっついて１つの音になるパターン（子音 + 母音）

例：focus on

前の単語が子音で終わり、後ろの単語の最初が母音の場合に、その子音と母音がくっついて１つの音になる。この場合は「フォーカソン」のように発音される。

②音がつながって変化するパターン（子音 + y）

例：Could you

前の単語が子音で終わり、後ろの単語の最初が y の場合に音が変化する。この場合は「クッジュー」のように発音される。

③音がつながって変化するパターン（t + 母音）

例：What are

前の単語が [t] で終わり、後ろの単語の最初の音が母音の場合、[t] が [d] のようなやわらかい音に変わる。この場合は「ワダー」のように発音される。

④前の単語の最後の音が消えるパターン（同じ音が続く）

例：sales strategy

前の単語の最後の音と、後ろの単語の最初の音が同じ音の場合、１つになって発音される。この場合は「セイルストラテジー」のように発音される。

⑤前の単語の最後の音が消えるパターン（t,d,k + 子音）

例：next meeting

前の単語が [t] [d] [k] で終わり、後ろの単語の最初の音が子音の場合に [t] [d] [k] が脱落して聞こえなくなる。この場合は「ネクスミーティン」のように発音される。

では、次のページからいよいよ実践練習のスタートです！

PRACTICE
01

タニケイ式シャドーイング 実践

オフィス会話 ①

音声03

A　I know we planned to meet at 2 o'clock today in conference room 303 about our new project, but the projector in the room doesn't work.

B　Oh, really? We need to move to another room, then. How about room 406 ? Nobody is going to use it until 3 o'clock.

A　Well, in that case, it's better to start our meeting earlier. Otherwise we can't finish by 3. How about changing the time to 1 o'clock?

B　Good. I'd better hurry and inform the other attendees about the schedule change.

日本語訳

A　僕たち新しいプロジェクトについて、2 時に 303 会議室で集まることになっていたと思うけど、その部屋のプロジェクターが動かないんだ。

B　え、本当に？ それなら他の部屋に移ったほうがいいわね。406 の部屋はどうかしら？ 3 時までは誰も使わないはず。

A　それなら、ミーティングの開始時間を早めたほうがいいね。そうでないと 3 時までには終わらないだろう。ミーティングを 1 時に変更するのはどうだろう？

B　いいわ。急いで他の参加者にスケジュール変更を伝えたほうがよさそうね。

学習記録

1 リスニング／2 ディクテーション／3 黙読理解／4 音読
5 リピーティング／6 オーバーラッピング／7 シャドーイング

実施したステップに ✔ をしよう！

日付	1	2	3	4	5	6	7

卒業

発音の書き込み例

A　I know we planne(d) to meet at 2 o'cloc(k) today in conference room 303 about our new project, bu(t) the projector in the room doesn'(t) work.

B　Oh, really? We nee(d) to move to another room, then. How about room 406 ? Nobody is goin(g) to use it until 3 o'clock.

A　Well, in that case, it's better to start our meeting earlier. Otherwise we can't finish by 3. How abou(t) changin(g) the time to 1 o'clock?

B　Good. I'(d) better hurry and inform the other attendees abou(t) the schedule change.

発音ポイント

- **1行目**：meet [mí:t] の [t] が [d] のような音に変わり、at [ət] の [ə] の音と1つになって「ミーダッ」のように発音されています。
- **2行目**：about [əbáʊt] の最後の [t] が [d] のような音に変わり、our [ɑɚ] の音と1つになって「アバウダワ」のように発音されています。
- **5行目**：Nobody [nóʊbədi] の最後の [i] と、is [ɪz] の [ɪ] の音が1つになって「ノーバディーズ」のように発音されています。
- **5行目**：use [jú:z] の [z] の音と、it [ít] の [í] の音がつながり、it [ít] の [t] の音が [d] のような音に変わり、until [əntíl] の最初の [ə] の音と1つになって「ユーズィダンティル」のように発音されています。
- **6行目**：start [stάɚt] の最後の [t] の音が [d] のような音に変わり、our [ɑɚ] の音と1つになって「スターダワ」のように発音されています。
- **6行目**：meeting [mí:tɪŋ] の最後の [ŋ] の音と、earlier [ɚ́:liɚ] の最初の [ɚ́] の音が1つになって「ミーティンガーリヤー」のように発音されています。
- **7行目**：How [háʊ] の [áʊ] の音と、about [əbáʊt] の最初の [ə] の音が1つになり、about の最後の [t] の音が消えて「ハワバウ」のように発音されています。
- **9行目**：hurry [hɚ́:ri] の最後の [i] と and [ənd] の [ə] の音がなめらかにつながり、and [ənd] の [d] の音が消えて inform [ɪnfɔ́ɚm] に続くので「ハリエニンフォーム」のように発音されています。

PRACTICE

02

タニケイ式シャドーイング 実践

オフィス会話 ②

音声04

A Hi, George. Do you know about the farewell party for the general managing officer next month?
I think I got an e-mail about it, but I can’t find it.

B Are you going to the party? I didn’t see your name on the list, so I thought you weren’t coming. The deadline to sign up was yesterday.

A Oh, really? Is there any way for me to sign up now?
I’d really like to see him and show my gratitude
for his strong support during this tough decade.

B It shouldn’t be a problem. You can go to the personnel division and ask them.

日本語訳

A　ねぇ、George。来月の執行役員の送別会について知ってる？ それについてのメールをもらったと思うんだけど、見当たらなくて。

B　送別会に参加するのかい？ 名簿に名前がなかったから、君は来ないのかと思っていたよ。申し込みの締め切りは昨日だよ。

A　え、本当？ 今から申し込みができる方法はないかしら？ ぜひ彼に会って、この大変だった10年間の彼の多大なサポートに対してお礼を言いたいの。

B　問題ないんじゃないかな。人事部に行って聞いてみたらいいよ。

学習記録

1 リスニング／2 ディクテーション／3 黙読理解／4 音読
5 リピーティング／6 オーバーラッピング／7 シャドーイング

実施したステップに ✔ をしよう！

日付	1	2	3	4	5	6	7

卒業

／

発音の書き込み例

A　Hi, George. Do you know abou(t) the farewell party for the general managing officer next month?

I think I got an e-mail about it, but I can'(t) find it.

B　Are you goin(g) to the party? I didn'(t) see your name on the list, so I though(t) you weren'(t) coming. The dea(d)line to sign up was yesterday.

A　Oh, really? Is there any way for me to sign up now?

I'd really like to see him an(d) show my gratitu(de) for (h)is stron(g) suppor(t) durin(g) this tough decade.

B　It shouldn'(t) be a problem. You can go to the personnel division and ask them.

発音ポイント

・**2行目**：managing [mǽnɪdʒɪŋ] の最後の [ŋ] の音と、officer [ɔ́:fɪsɚ] の最初の [ɔ́:] の音が1つになって「マネジンゴフィサー」のように発音されています。
・**3行目**：got [gɑ́t] の [t] の音が [d] のような音に変わり、an [ən] の [ə] の音と1つになって、an [ən] の [n] の音が e-mail [í:mèɪl] の最初の [í:] の音と1つになるので「ガッダニーメイル」のように発音されています。
・**3行目**：about [əbáʊt] の最後の [t] の音が [d] のような音に変わり、it [ít] の [í] の音と1つになって「アバウディッ」のように発音されています。
・**3行目**：but [bət] の [t] の音が [d] のような音に変わり、I [aɪ] の音と1つになって「バダイ」のように発音されています。
・**3行目**：can't [kǽnt] の [t] の音が消えて、find [fáɪnd] の最後の [d] の音とit [ít] の [í] の音が1つになって「キャン・ファインディッ」のように発音されています。
・**6行目**：sign [sáɪn] の [n] の音と、up [ʌ́p] の [ʌ́] の音が1つになって「サイナップ」のように発音されています。
・**8行目**：him [hɪm] の [m] の音と、and [ənd] の [ə] の音がつになり、and の [d] の音が消えて「ヒメン」のように発音されています。
・**9行目**：for [fɚ] の後の、his [hɪz] の最初の [h] の音が弱くなり「フォーリズ」のように発音されています。

PRACTICE
03

タニケイ式シャドーイング 実践

オフィス会話 ③

音声05

A Have you arranged for the dinner with our clients tonight?

B Yes, I've already made a reservation at a famous restaurant for 7 o'clock. I tried to reserve a corner table, but only window tables were available.

A That's no problem. Oh, I've just remembered that one of our clients is a vegetarian. Can you call back to the restaurant and confirm the menu?

B Sure. But I think it should be fine. The restaurant seems to have a good reputation for its large selection of organic vegetable dishes.

日本語訳

A　今晩のクライアントとの食事の準備は済んでいる?

B　ええ、有名なレストランを７時に予約してあるわ。角の席を予約したかったんだけど、窓側の席しか空いていなかったわ。

A　大丈夫だろう。あ、クライアントの１人がベジタリアンだということを今ちょうど思い出したよ。レストランにもう一度連絡してメニューを確認してもらえるかい?

B　もちろんよ。でもたぶん問題ないと思うわ。そのレストランは豊富なオーガニック野菜のメニューがあることで評判が良いらしいから。

学習記録

1 リスニング／2 ディクテーション／3 黙読理解／4 音読
5 リピーティング／6 オーバーラッピング／7 シャドーイング

実施したステップに ✔ をしよう！

日付	1	2	3	4	5	6	7

卒業

／

発音の書き込み例

A Have you arrange(d) for the dinner with our clients tonight?

B Yes, I've already made a reservation at a famous restauran(t) for 7 o'clock. I trie(d) to reserve a corner table, bu(t) only window tables were available.

A That's no problem. Oh, I've just remembered that one of our clients is a vegetarian. Can you call bac(k) to the restaurant and confirm the menu?

B Sure. But I think i(t) shoul(d) be fine. The restauran(t) seems to have a goo(d) reputation for its large selection of organi(c) vegetable dishes.

発音ポイント

- **1行目**：Have [həv] の [v] の音と、you [jʊ] の [j] の音がくっついて変化し「ハヴュー」のように発音されています。
- **1行目**：with [wɪð] の [ð] の音と、our [ɑɚ] の音が1つになって「ウィザワ」のように発音されています。
- **3行目**：I’ve [aɪv] の [v] の音と、already [ɔ̀ːlrédi] の最初の [ɔ̀ː] の音が1つになって「アイヴォーレディ」のように発音されています。
- **3行目**：reservation [rèzɚvéɪʃən] の最後の [n] の音と、at [ət] の [ə] の音が1つになり、at [ət] の [t] の音が [d] のような音に変わり、次の a [ə] と1つになって「リザベーショナダ」のように発音されています。
- **5行目**：were [wɚ] の [ɚ] の音と、available [əvéɪləbl] の最初の [ə] の音が1つになって「ワラヴェイラボー」のように発音されています。
- **7行目**：one [wʌ́n] の [n] の音と、of [əv] の [ə] の音が1つになり、of [əv] の [v] の音と、次の our [ɑɚ] の音が1つになって「ワノヴァワ」のように発音されています。
- **7行目**：Can [kǽn] の [n] の音と、次の you [jʊ] の [j] の音がくっついて変化し「キャニュー」のように発音されています。
- **10行目**：selection [səlékʃən] の最後の [n] の音と、of [əv] の [ə] の音が1つになり、of [əv] の [v] の音と、次の organic [ɔɚgǽnɪk] の最初の [ɔ] の音が1つになって「セレクショノヴォーガニッ」のように発音されています。

PRACTICE
04

タニケイ式シャドーイング 実践

電話対応 ①

音声06

A　Thank you for calling ABC Company.

How can I help you?

B　Hello. This is Smith Garcia from XYZ Electronics.

I'd like to speak with Mr. George Brown, please.

A　Sure. Could you hold for a moment while I put your call through? … I'm afraid he is not available right now.

May I take a message?

B　Thank you. Could you tell him that I called

to get an estimate on a new laptop computer?

A　Certainly. I'll have him call you back when he gets in.

日本語訳

A　ABC カンパニーにお電話いただきありがとうございます。どのようなご用件でしょうか。

B　私、XYZ エレクトロニクスの Smith Garcia と申します。George Brown さんとお話したいのですが。

A　かしこまりました。おつなぎしますので、少々お待ちいただけますでしょうか。……申し訳ありませんが、彼はただいま席を外しております。
よろしければ伝言を承りましょうか。

B　ありがとうございます。新作のノートパソコンのお見積もりをいただきたいと伝えていただけますか？

A　承知いたしました。彼が戻り次第折り返しお電話させます。

学習記録

1 リスニング／2 ディクテーション／3 黙読理解／4 音読
5 リピーティング／6 オーバーラッピング／7 シャドーイング

実施したステップに ✔ をしよう！

日付	1	2	3	4	5	6	7

卒業

／

発音の書き込み例

A Thank you for callin(g) ABC Company.

How can I help you?

B Hello. This is Smith Garcia from XYZ Electronics.

I'd like to speak with Mr. George Brown, please.

A Sure. Could you hold for a momen(t) while I pu(t) your call through? …… I'm afraid he is not available righ(t) now.

May I take a message?

B Thank you. Could you tell him that I called to get an estimate on a new laptop computer?

A Certainly. I'll have (h)im call you back when (h)e gets in.

発音ポイント

- **5行目**：Could [kəd] の [d] の音と、you [jʊ] の [j] の音がくっついて変化し「クッジュー」のように発音されています。
- **5行目**：while [wáɪl] の最後の [l] の音と、次の I [aɪ] の音が1つになって「ワイライ」のように発音されています。
- **6行目**：I'm [aɪm] の [m] の音と、afraid [əfréɪd] の最初の [ə] の音が1つになって「アイマフレイド」のように発音されています。
- **6行目**：not [nɑ́t] の [t] の音が [d] のような音に変化し、available [əvéɪləbl] の最初の [ə] の音と1つになって「ナダヴェイラボー」のように発音されています。
- **8行目**：that [ðət] の [t] の音が [d] のような音に変化し、次の I [aɪ] の音と1つになって「ザダイ」のように発音されています。
- **9行目**：get [gét] の [t] の音が [d] のような音に変化し、次の an [ən] の [ə] の音と1つになって「ゲダン」のように発音されています。
- **10行目**：have [həv] の後の、him [hɪm] の最初の [h] の音が弱くなり「ハヴィム」のように発音されています。
- **10行目**：when [wen] の後の、he [híː] の最初の [h] の音が弱くなり「ウェニー」のように発音されています。

PRACTICE
05

タニケイ式シャドーイング 実践

電話対応 ②

音声07

A　This is George Brown. I got your message, so I’m calling you back.

B　Hello, George. Thanks for getting back to me so soon. The reason I called you was to get an estimate on that new laptop from your company.

A　Oh, I’m preparing the estimate sheet right now. If you’re in a rush to get the total amount, I can tell you in just a couple of minutes.

B　That’d be great. Ah, but I’m afraid I have to leave my office soon. Could you email it as soon as you’re done with it?

A　Certainly.

日本語訳

A　George Brown です。伝言をお聞きして折り返しいたしました。

B　George さん、こんにちは。すぐに折り返していただきありがとうございます。お電話したのは、御社の新作のノートパソコンの見積もりをいただきたかったからです。

A　ちょうど今その見積書を作成していたところです。もし急ぎで総額の情報が必要でしたら、数分後にはお伝えできます。

B　それはよかった。でもこれから外出しなければならないんです。終わり次第メールで送っていただけますか?

A　かしこまりました。

学習記録

1 リスニング／2 ディクテーション／3 黙読理解／4 音読
5 リピーティング／6 オーバーラッピング／7 シャドーイング

実施したステップに ✔ をしよう！

日付	1	2	3	4	5	6	7

卒業

発音の書き込み例

A　This is George Brown. I go(t) your message, so I'm callin(g) you back.

B　Hello, George. Thanks for gettin(g) bac(k) to me so soon. The reason I called you was to get an estimate on tha(t) new lapto(p) from your company.

A　Oh, I'm preparin(g) the estima(te) shee(t) righ(t) now. If you're in a rush to ge(t) the total amount, I can tell you in just a couple of minutes.

B　That'd be great. Ah, but I'm afraid I have to leave my office soon. Could you email it as soon as you're done with it?

A　Certainly.

発音ポイント

- **４行目**：called [kɔ́ːld] の [d] の音と、you [jʊ] の [j] の音がくっついて変化し「コールジュー」のように発音されています。
- **４行目**：get [gét] の [t] の音が [d] のような音に変化し、次の an [ən] の [ə] の音と１つになって「ゲダン」のように発音されています。
- **７行目**：you're [jʊɚ] の [ɚ] の音と、in [ɪn] の [ɪ] の音が１つになり、in [ɪn] の [n] の音と、次の a [ə] の音が１つになって「ユアリナ」のように発音されています。
- **７行目**：tell [tél] の最後の [l] の音と、you [jʊ] の [j] の音が１つになって「テリュー」のように発音されています。
- **８行目**：couple [kʌ́pl] の最後の [l] の音と、of [əv] の [ə] の音が１つになって「カップロヴ」のように発音されています。
- **10行目**：email [íːmèɪl] の最後の [l] の音と、it [ít] の [í] の音が１つになって「イーメイリッ」のように発音されています。
- **10行目**：soon [súːn] の [n] の音と、as [əz] の [ə] の音が１つになって「スーナズ」のように発音されています。
- **11行目**：with [wɪð] の [ð] の音と、it [ít] の [í] の音が１つになって「ウィズィッ」のように発音されています。

PRACTICE

タニケイ式シャドーイング 実践

06 電話対応 ③

音声08

A　Hi, Lily. This is George. I'm just wondering if you have any questions or concerns about the draft of the next presentation that I sent you yesterday.

B　I've looked it over and thought it was great. But, I want to know more about the strategic sales plan.

A　OK. Why don't we have a lunch meeting tomorrow? We should make everything clear before we give the presentation to our client.

B　Sounds good. I have another meeting scheduled for tomorrow morning. So I can make it at 12:30.

日本語訳

A　やあLily、Georgeです。昨日君に送った次のプレゼンのドラフトなんだけど、質問や気になることはなかったかな。

B　ざっと目を通したけれど、よくできていると思う。ただ、セールス戦略についてもう少し知りたいわ。

A　わかった。それなら明日ランチミーティングをしないか？ 顧客にプレゼンをする前に、僕たちで全てをクリアにしておくべきだ。

B　それがいいわね。明日の午前中に他のミーティングがあるから、12 時半なら行けるわ。

学習記録

1 リスニング／2 ディクテーション／3 黙読理解／4 音読
5 リピーティング／6 オーバーラッピング／7 シャドーイング

実施したステップに ✔ をしよう！

日付	1	2	3	4	5	6	7

卒業

／

発音の書き込み例

A Hi, Lily. This is George. I'm just wondering if you have any questions or concerns abou(t) the draft of the next presentation that I sent you yesterday.

B I've looked it over an(d) thought i(t) was great. Bu(t), I wan(t) to know more abou(t) the strategic sales plan.

A OK. Why don'(t) we have a lunch meeting tomorrow? We shoul(d) make everythin(g) clear before we give the presentation to our client.

B Sounds good. I have another meeting schedule(d) for tomorrow morning. So I can make it at 12:30.

発音ポイント

・**1行目**：wondering [wʌ́ndərɪŋ] の最後の [ŋ] の音と、if [ɪf] の [ɪ] の音が1つになって「ワンダリンギフ」のように発音されています。

・**3行目**：that [ðət] の [t] の音が [d] のような音に変化し、次の I [aɪ] の音と1つになって「ザダイ」のように発音されています。

・**3行目**：sent [sént] の [t] の音と、you [jʊ] の [j] の音がくっついて変化し「センチュー」のように発音されています。

・**4行目**：looked [lʊ́kt] の [t] の音と、it [ít] の [í] の音が1つになり、it [ít] の [t] の音と、over [óʊvɚ] の [óʊ] の音が1つになって「ルッキットーヴァー」のように発音されています。

・**4行目**：and [ənd] の [d] の音が消えて、thought [θɔ́:t] の [t] と、it [ít] の [í] の音が1つになって「エンソウティッ」のように発音されています。

・**5行目**：more [mɔ́ɚ] の最後の [ɚ] の音と、about [əbáʊt] の最初の [ə] の音が1つになって「モラバウ」のように発音されています。

・**9行目**：have [həv] の [v] の音と、another [ənʌ́ðɚ] の最初の [ə] の音が1つになって「ハヴァナザー」のように発音されています。

・**10行目**：make [méɪk] の [k] の音と、it [ít] の [í] の音が1つになり、it [ít] の [t] の音が [d] のような音に変化し、次の at [ət] の [ə] の音と1つになって「メイキッダッ」のように発音されています。

PRACTICE 07

タニケイ式シャドーイング 実践

ミーティング ①

音声09

Is everyone here? Let’s get started. First, thank you for being flexible with your schedules. I’m sorry that we had to change the start time for this meeting at the last minute. I’ll be the facilitator, and Mary will be taking minutes today. John is absent because he’s helping one of our major clients. Now, let’s get down to business. Today’s agenda is our sales plan for the next quarter. First, I’d like to share my ideas about the sales forecast. Then, we’ll start brainstorming about how to increase sales in the next quarter. We’ll have 30 minutes for brainstorming. The meeting will finish by 2:30.

日本語訳

全員そろっていますか。会議を始めましょう。まずはみなさん、柔軟にスケジュールを調整してくれてありがとうございます。直前になって会議の開始時間が変更になったことをお詫びします。今日は私が進行をし、Mary が議事録を取ります。John は重要顧客の対応中のため、欠席です。では、本題に入りましょう。本日の議題は次の四半期の販売計画についてです。まず、私が売上予測についての考えを共有します。その後、次の四半期に売上を伸ばすための方法について、アイデアを出し合いましょう。ブレインストーミングの時間は 30 分間取ります。ミーティングは 2:30 には終わる予定です。

学習記録

1 リスニング／2 ディクテーション／3 黙読理解／4 音読
5 リピーティング／6 オーバーラッピング／7 シャドーイング

実施したステップに ✔ をしよう！

日付	1	2	3	4	5	6	7

卒業

発音の書き込み例

Is everyone here? Let's get started. First, thank you for being flexible with your schedules. I'm sorry tha(t) we ha(d) to change the star(t) time for this meeting a(t) the las(t) minute. I'll be the facilitator, and Mary will be taking minutes today. John is absen(t) because he's helpin(g) one of our major clients. Now, let's ge(t) down to business. Today's agenda is our sales plan for the next quarter. First, I'(d) like to share my ideas abou(t) the sales forecast. Then, we'll start brainstorming abou(t) how to increase sales in the nex(t) quarter. We'll have 30 minutes for brainstorming. The meetin(g) will finish by 2:30.

発音ポイント

- **1行目** ： thank [θǽŋk] の [k] の音と、you [jʊ] の [j] の音がくっついて変化し「センキュー」のように発音されています。
- **2行目** ： with [wɪð] の [ð] の音と、your [jʊ́ɚ] の [j] の音が1つになって「ウィズヨア」のように発音されています。
- **5行目** ： John [dʒɑ́n] の [n] の音と、is [ɪz] の [ɪ] の音が1つになり、is [ɪz] の [z] の音と、absent [ǽbsənt] の [æ] の音が1つになって「ジョーニザブセン」のように発音されています。
- **6行目** ： one [wʌ́n] の [n] の音と、of [əv] の [ə] の音が1つになり、of [əv] の [v] の音と、our [ɑɚ] の音が1つになって「ワノヴァアワ」のように発音されています。
- **7行目** ： Today's [tʊdéɪz] の最後の [z] の音と、agenda [ədʒéndə] の最初の [ə] の音が1つになって「トゥデイザジェンダ」のように発音されています。
- **7行目** ：is [ɪz] の [z] の音と、our [ɑɚ] の音が1つになって「イザワ」のように発音されています。

PRACTICE
08

タニケイ式シャドーイング 実践

ミーティング ②

🔊 音声10

A　Dealing with customer complaints is often difficult.
How about holding a customer relations training
and revising our manual?

B　I see your point, but everyone, we're getting sidetracked.
Let's discuss how to handle customer complaints
in another meeting.

A　I'm sorry. I shouldn't have gotten off topic.
Let's focus on the sales plan today.

B　Thank you for understanding, Lily. Having a good
relationship with customers is definitely important for
all of us. Let's set up a meeting and discuss it another
time. Now we have only 5 minutes left. Maybe we should
wrap up the meeting and decide what to do next.

日本語訳

A　顧客からのクレームに対処するのは難しいことが多いですね。顧客対応の研修をしたり、マニュアルの見直しをしたりするのはどうでしょう。

B　おっしゃりたいことはわかりました。でもみなさん、話が脱線してきているようです。顧客からのクレーム対応に関しては別のミーティングで話し合いましょう。

A　ごめんなさい。関係のない問題を持ち出すべきではありませんでしたね。今日は話題を販売計画に絞りましょう。

B　ご理解いただきありがとう、Lily。顧客と良い関係を構築することは私たち皆にとって間違いなく大事なことです。ミーティングを設定して、次回しっかりとそれについて話し合いましょう。さて、残り時間はあと 5 分です。ミーティングのまとめに入って、次に何をすべきかを決めたほうがいいですね。

学習記録

1 リスニング／2 ディクテーション／3 黙読理解／4 音読
5 リピーティング／6 オーバーラッピング／7 シャドーイング

実施したステップに ✔ をしよう！

日付　1　2　3　4　5　6　7

卒業

発音の書き込み例

A　Dealin(g) with customer complaints is often difficult.

How about holding a customer relations training

an(d) revising our manual?

B　I see your point, but everyone, we're gettin(g) sidetracked.

Let's discuss how to handle customer complaints

in another meeting.

A　I'm sorry. I shouldn'(t) have gotten off topic.

Let's focus on the sales plan today.

B　Thank you for understanding, Lily. Having a goo(d)

relationshi(p) with customers is definitely important for

all of us. Let's set up a meeting an(d) discuss it another

time. Now we have only 5 minutes left. Maybe we should

wrap up the meeting an(d) decide wha(t) to do next.

発音ポイント

- **1行目**：complaints [kəmpléɪnts] の最後の [ts] の音と、is [ɪz] の [ɪ] の音が1つになって「コンプレインツィズ」のように発音されています。
- **2行目**：How [háʊ] の [áʊ] の音と、about [əbáʊt] の最初の [ə] の音が1つになり、about の最後の [t] の音が消えて「ハワバウ」のように発音されています。
- **2行目**：holding [hóʊldɪŋ] の最後の [ŋ] の音と、次の a [ə] の音が1つになって「ホールディンガ」のように発音されています。
- **7行目**：gotten [gɑ́tn] の [n] の音と、off [ɔ́:f] の [ɔ́:] の音が1つになって「ガットノフ」のように発音されています。
- **11行目**：all [ɔ́:l] の最後の [l] の音と、of [əv] の [ə] の音が1つになり、of [əv] の [v] の音と、us [əs] の [ə] の音が1つになって「オーロヴァス」のように発音されています。
- **11行目**：set [sét] の [t] の音が [d] のような音に変化し、up [ʌ́p] の [ʌ́] と1つになり、up [ʌ́p] の [p] が、次の a [ə] の音と1つになって「セッダッパ」のように発音されています。
- **11行目**：and [ənd] の [d] の音が消え、discuss [dɪskʌ́s] の最後の [s] の音と、it [ít] の [í] の音が1つになって「エンディスカスィッ」のように発音されています。
- **13行目**：wrap [rǽp] の [p] の音と、up [ʌ́p] の [ʌ́] の音が1つになって「ラッパップ」のように発音されています。

PRACTICE
09

タニケイ式シャドーイング 実践

ミーティング ③

音声11

That covers everything we wanted to discuss at this meeting. I was impressed with the number of unique ideas we generated. Mary will send a copy of the minutes summarizing everything. Then, our next meeting will be on Friday. We're going to discuss concrete ways that we can implement some of the ideas expressed in today's meeting. Please make sure that everyone makes a draft proposal before the next meeting. Each one of you will have 5 minutes to give a brief explanation of your proposal. That's all for today. Thank you all for your contribution. We had a very fruitful meeting.

日本語訳

これで、このミーティングで話し合いたかった件は全てカバーできました。たくさんのユニークなアイデアが出て嬉しい限りです。Mary が、全ての意見を要約した議事録を送ります。それから、次回のミーティングは金曜日に開催します。今日出た意見のいくつかをどうしたら実行に移せるのか、具体的な方法について話し合いましょう。みなさん、次回のミーティングまでに企画案を作っておくようにお願いします。各自、企画案の簡単な説明をする時間が 5 分間ずつあります。今日はこれで終わりましょう。みなさんの貢献に感謝します。大変有益なミーティングでしたね。

学習記録

1 リスニング／2 ディクテーション／3 黙読理解／4 音読
5 リピーティング／6 オーバーラッピング／7 シャドーイング

実施したステップに ✔ をしよう！

日付	1	2	3	4	5	6	7

卒業

／

発音の書き込み例

Tha(t) covers everythin(g) we wante(d) to discuss a(t) this meeting. I was impressed wi(th) the number of unique ideas we generated. Mary will send a copy of the minutes summarizing everything. Then, our next meetin(g) will be on Friday. We're goin(g) to discuss concre(te) ways tha(t) we can implemen(t) some of the ideas expressed in today's meeting. Please make sure tha(t) everyone makes a draft proposal before the next meeting. Each one of you will have 5 minutes to give a brief explanation of your proposal. That's all for today. Thank you all for your contribution. We had a very fruitful meetin(g).

発音ポイント

- **4 行目**：summarizing [sʌ́məràɪzɪŋ] の最後の [ŋ] の音と、everything [évriθɪ̀ŋ] の最初の [é] の音が１つになって「サマライズィングゲヴリスィン」のように発音されています。
- **6 行目**：can [kǽn] の [n] の音と、implement [ɪ́mpləmənt] の最初の [ɪ́] の音が１つになって「キャニンプリメン」のように発音されています。
- **7 行目**：makes [méɪks] の [s] と、次の a [ə] の音が１つになって「メイクサ」のように発音されています。
- **8 行目**：one [wʌ́n] の [n] の音と、of [əv] の [ə] の音が１つになり、of [əv] の [v] の音と、you [jʊ] の [j] の音が１つになって「ワノヴュー」のように発音されています。
- **9 行目**：of [əv] の [v] の音と、your [jʊ́ɚ] の [j] の音が１つになって「オヴュア」のように発音されています。
- **10 行目**：That’s [ðəts] の [ts] の音と、all [ɔ́ːl] の [ɔ́ː] の音が１つになって「ザッツォー」のように発音されています。
- **10 行目**：Thank [θǽŋk] の [k] の音と、you [jʊ] の [j] の音がくっついて変化し「センキュー」のように発音されています。
- **11 行目**：had [hǽd] の [d] の音と、次の a [ə] の音が１つになって「ハダ」のように発音されています。

PRACTICE
10

タニケイ式シャドーイング 実践

プレゼンテーション ①

音声12

Good morning, everyone. I'm Lily Baker, and I work for the marketing department. Has everyone received the handouts? OK, let me start with a brief introduction of today's agenda. What I'd like to talk about today is how to get customer feedback about our products efficiently. First, I'll introduce the current ways we get feedback from our customers. Next, I'll introduce how and why SNS, social networking services, can be the most effective way of getting feedback. Finally, I'll suggest some practical uses for SNS and a cutting-edge method for analyzing the feedback we get. The presentation will be followed by a Q&A session.

日本語訳

みなさん、おはようございます。Lily Bakerです。マーケティング部に所属しています。みなさん、今日の資料をお持ちですか？ では、今日のアジェンダの内容を簡単に紹介します。今日私がご説明したいのは、顧客から効率的に当社の製品についてのフィードバックを入手する方法についてです。

はじめに、顧客からフィードバックを入手する既存の方法について紹介します。次に、SNS（ソーシャルネットワーキングサービス）がどのようにして、そしてなぜ、最も効果的な方法になり得るのかを紹介します。最後に、SNSの実践的な活用法と、得たフィードバックを分析する最新の手法について提案します。プレゼンの後にはQ&Aの時間を設けます。

学習記録

1 リスニング／2 ディクテーション／3 黙読理解／4 音読
5 リピーティング／6 オーバーラッピング／7 シャドーイング

実施したステップに ✔ をしよう！

日付	1	2	3	4	5	6	7

卒業

／

発音の書き込み例

Goo(d) morning, everyone. I'm Lily Baker, and I work for the marketin(g) department. Has everyone receive(d) the handouts? OK, le(t) me star(t) with a brief introduction of today's agenda. What I'(d) like to talk abou(t) today is how to ge(t) customer feedback about our products efficiently. First, I'll introduce the curren(t) ways we ge(t) feedback from our customers. Next, I'll introduce how and why SNS, social networkin(g) services, can be the most effective way of gettin(g) feedback. Finally, I'll suggest some practical uses for SNS and a cutting-edge metho(d) for analyzin(g) the feedbac(k) we get. The presentation will be followed by a Q&A session.

発音ポイント

- **2 行目**：Has [həz] の [z] の音と、everyone [évriwʌ̀n] の最初の [é] の音が 1 つになって「ハゼヴリワン」のように発音されています。
- **3 行目**：with [wɪð] の [ð] の音と、次の a [ə] の音が 1 つになって「ウィザ」のように発音されています。
- **3 行目**：introduction [ìntrədʌ́kʃən] の最後の [n] の音と、of [əv] の [ə] の音が 1 つになって「イントロダクショノヴ」のように発音されています。
- **4 行目**：today's [tʊdéɪz] の最後の [z] の音と、agenda [ədʒéndə] の最初の [ə] の音が 1 つになって「トゥデイザジェンダ」のように発音されています。
- **4 行目**：What [wɑt] の [t] が [d] のような音に変化し、I'd [aɪd] の [aɪ] の音と 1 つになって「ワッダイ」のように発音されています。
- **4 行目**：talk [tɔ́:k] の [k] の音と、about [əbáʊt] の最初の [ə] の音が 1 つになり、about [əbáʊt] の最後の [t] が消えて、today [tʊdéɪ] に続くため「トーカバウトゥデイ」のように発音されています。
- **5 行目**：feedback [fí:dbæ̀k] の最後の [k] の音と、about [əbáʊt] の最初の [ə] の音が 1 つになり、about [əbáʊt] の最後の [t] の音と、our [ɑɚ] の音が 1 つになって「フィーバッカバウダワ」のように発音されています。
- **10 行目**：and [ənd] の [d] の音と、次の a [ə] の音が 1 つになって「エンダ」のように発音されています。

PRACTICE 11

タニケイ式シャドーイング 実践

プレゼンテーション②

音声13

A I just talked about our company's current situation and gave an example where we leveraged customer feedback through SNS.

B From your perspective, the improvements made based on the feedback from SNS led to a significant change in product revenue, right?

A Obviously. Let's take a look at the evidence. Please look at page 7 of your handout. It shows the monthly sales trends from the last 3 years. Judging from this graph, the sales figures had been declining since last summer but started to recover after we began acting on the customer feedback we got through SNS.

B I see. I can see that SNS is a place where clients give honest feedback, and that addressing that feedback can have a vast influence on sales.

日本語訳

A　ただいま当社の現状についてご説明し、私たちがSNSを通じた顧客のフィードバックを活用した例を紹介しました。

B　あなたの考えでは、SNS を通じたフィードバックによって実施された製品改良が、その製品の売上高に大きな変化をもたらしたということですね。

A　はい、それは明らかです。その証拠を見てみましょう。配布資料の７ページをご覧ください。これはこの３年間の月間売上の動向を示しています。このグラフから判断すると、売上高は去年の夏から下がってきていましたが、SNS を通じて得た顧客のフィードバックをもとに改善し始めてからは回復してきました。

B　なるほど。SNS とは顧客が正直なフィードバックをくれる場であること、また、そのフィードバックに対処することが売上に大きな影響を与えるということがわかりました。

学習記録

１リスニング／２ディクテーション／３黙読理解／４音読
５リピーティング／６オーバーラッピング／７シャドーイング

実施したステップに ✔ をしよう！

日付　1　2　3　4　5　6　7

卒業

発音の書き込み例

A　I jus(t) talked about our company's curren(t) situation and gave an example where we leveraged customer feedback through SNS.

B　From your perspective, the improvements made based on the feedbac(k) from SNS le(d) to a significan(t) change in produc(t) revenue, right?

A　Obviously. Let's take a look a(t) the evidence. Please look at page 7 of your handout. It shows the monthly sales trends from the las(t) 3 years. Judgin(g) from this graph, the sales figures ha(d) been declining since las(t) summer bu(t) starte(d) to recover after we began acting on the customer feedback we go(t) through SNS.

B　I see. I can see tha(t) SNS is a place where clients give honest feedback, an(d) that addressin(g) tha(t) feedbac(k) can have a vast influence on sales.

発音ポイント

- **1行目**：about [əbáʊt] の最後の [t] の音が [d] のような音に変化し、our [ɑɚ] の音と1つになって「アバウダワ」のように発音されています。
- **2行目**：gave [géɪv] の [v] の音が、an [ən] の [ə] の音と1つになり、an [ən] の [n] の音が、example [ɪgzǽmpl] の [ɪ] と1つになって「ゲイヴァネグザンポー」のように発音されています。
- **8行目**：of [əv] の [v] の音と、your [jʊ́ɚ] の [j] の音が1つになって「オヴュア」のように発音されています。
- **11行目**：acting [ǽktɪŋ] の最後の [ŋ] の音と、on [ɔːn] の [ɔː] の音が1つになって「アクティンゴン」のように発音されています。
- **14行目**：and [ənd] の [d] の音が消えて、that [ðət] の [t] の音が [d] のような音に変化し、addressing [ədrésɪŋ] の [ə] の音と1つになって「エンザッダドレッスィン」のように発音されています。
- **15行目**：influence [ɪ́nfluːəns] の最後の [s] の音と、on [ɔːn] の [ɔː] の音が1つになって「インフルエンスォン」のように発音されています。

PRACTICE
12

タニケイ式シャドーイング 実践

プレゼンテーション③

音声14

In closing, let me summarize the key point of this presentation. Currently we use questionnaires and interviews to acquire customer feedback, however, the unofficial feedback from SNS can provide us with more honest opinions about our clients' needs and complaints. Then, we'll be able to address these complaints when improving our products. We shouldn't ignore the voices of our customers. To conclude, I recommend that the marketing department gather more feedback through SNS in order to use customer opinions to enhance our products. We'll start the operation as soon as we get the approval from the budget committee.

Thank you for your attention. Let's move on to the Q&A session. Do you have any questions regarding my presentation?

日本語訳

最後にこのプレゼンの要点をまとめさせてください。現在は、顧客のフィードバックを得るためにアンケートやインタビューを利用していますが、SNS からの非公式なフィードバックは、顧客のニーズや不満についてより率直な意見を教えてくれます。そして、製品改良の際にこうした不満に対処することができるのです。私たちは顧客の声を無視するべきではありません。結論としては、マーケティング部が、顧客の意見を製品の改良に活用するために、もっと SNS を通じたフィードバックを集めるようにすることを提案したいと思います。予算委員会からの承認が下り次第、このオペレーションを開始します。
ご清聴ありがとうございました。Q&A に移りましょう。私のプレゼンに関して、何かご質問はありますでしょうか。

学習記録

1 リスニング／2 ディクテーション／3 黙読理解／4 音読
5 リピーティング／6 オーバーラッピング／7 シャドーイング

実施したステップに ✔ をしよう！

日付　1　2　3　4　5　6　7

卒業

／

発音の書き込み例

In closin(g), le(t) me summarize the key point of this presentation. Currently we use questionnaires and interviews to acquire customer feedback, however, the unofficial feedback from SNS can provide us with more honest opinions about our clients' needs an(d) complaints. Then, we'll be able to address these complaints when improving our products. We shouldn't ignore the voices of our customers. To conclude, I recommend that the marketin(g) department gather more feedback through SNS in order to use customer opinions to enhance our products. We'll start the operation as soon as we ge(t) the approval from the budget committee.

Thank you for your attention. Let's move on to the Q&A session. Do you have any questions regarding my presentation?

発音ポイント

- **1 行目**：point [pɔ́ɪnt] の [t] の音が [d] のような音に変化し、of [əv] の [ə] の音と 1 つになって「ポインドヴ」のように発音されています。
- **2 行目**：questionnaires [kwèstʃənéɚz] の最後の [z] の音と、and [ənd] の [ə] の音が 1 つになって「クエスチョネアーゼン」のように発音されています。
- **5 行目**：honest [ɑ́nəst] の最後の [t] の音と、opinions [əpɪ́njənz] の最初の [ə] の音が 1 つになり、opinions [əpɪ́njənz] の最後の [z] の音と、about [əbáʊt] の最初の [ə] の音が 1 つになり、about [əbáʊt] の最後の [t] の音が [d] のような音に変化し、our [ɑɚ] の音と 1 つになって「オネストピニョンザバウダワ」のように発音されています。
- **7 行目**：improving [ɪmprúːvɪŋ] の最後の [ŋ] の音と、our [ɑɚ] の音が 1 つになって「インプルーヴィンガワ」のように発音されています。
- **7 行目**：shouldn't [ʃʊ́dnt] の最後の [t] の音が [d] のような音に変化し、ignore [ɪgnɔ́ɚ] の最初の [ɪ] の音と 1 つになって「シュドゥンディグノア」のように発音されています。
- **10 行目**：in [ɪn] の [n] の音と、order [ɔ́ɚḍɚ] の [ɔ́] の音が 1 つになって「イノーダー」のように発音されています。
- **10 行目**：enhance [ɪnhǽns] の最後の [s] の音と、our [ɑɚ] の音が 1 つになって「エンハンサワ」のように発音されています。
- **11 行目**：as [əz] の [z] の音と、soon [súːn] の [s] の音が 1 つになり、soon [súːn] の [n] の音と、次の as [əz] の [ə] の音が 1 つになって「アズスーナズ」のように発音されています。

CHAPTER

4

第4章

シャドーイングの効果倍増おすすめの教材

シャドーイングの効果倍増 おすすめの教材

第3章では12回分の実践練習教材を掲載しましたが、ここからはタニケイ式シャドーイングをさらに自分で続けていくために知っておくべき、教材の選び方やおすすめの教材をお伝えします。せっかく正しいトレーニング法を知っていても、自分のレベルに合わない教材を選んでしまうと効果は半減してしまいます。ぜひ、本章を参考に、自分に合う教材を見つけてタニケイ式シャドーイングを続けてください。

教材の選び方

タニケイ式シャドーイングを続けていくとき、重要なのが教材選びです。必要なものは英語の音声と英文スクリプトだけ。その2つがあればどんなものでも教材になります。自分に合った教材を選んで取り組むと、トレーニングの効果を実感しやすく、楽しく続けることができます。とはいえ、教材選びに1週間も2週間もかけてはもったいないので、以下のポイントを読んで、できるだけ早く自分に合った教材を選び、トレーニングを始めましょう。

①ちょうどいいレベルの教材を選ぶ

一番大切なことは、ちょうどいいレベルの教材を選ぶことです。難しすぎるものを使うとつらくなってしまいますし、やさしすぎるものを使うと効果的にリスニング力を上げることができません。

最初に音声を聞いたときに半分くらい聞き取れて、話の流れはだいたいわかるけれど、詳細はところどころ聞き取れない、というレベルのものを選びましょう。また、タニケイ式シャドーイングを進めていって、5日～7日でシャドーイングが卒業できるレベルのものを選びましょう。それより早く卒業できてしまうものだとやさしすぎます。反対に、それより長くかかるようだと難しすぎますし、何日も同じものを使っていると飽きてしまいます。

最初からちょうどいいレベルの教材を選ぶのは難しいので、まずは半分くらい聞き取れるものを使ってタニケイ式シャドーイングを始めてみましょう。また、最初のうちは、30秒程度の短いものを使って、タニケイ式シャドーイング自体に慣れていきましょう。慣れてきたらだんだん長くしていきます。

②自分が聞き取れるようになりたい英語や、真似したい英語が話されているものを使う

こういう英語を聞き取れるようになりたいな、と思うものや、自分が同じように話しているのを想像して心が踊るようなものを選びましょう。難易度や長さも大切な基準ですが、自分が楽しいと思えるものを選ぶことで、毎日のタニケイ式シャドーイングがぐっと続けやすいものになります。苦しい勉強ではなく、自然と前日の続きのトレーニングを始めたくなるような、そんな教材を探してみましょう。特にトレーニングを始めたばかりの頃、リスニング力アップの効果が実感できるようになるまでは、トレーニングを続けるモチベーションをどうにかして保つ必要があります。そのためにも、教材はできるだけ、興味のあるもの、テンションが上がるものを使いましょう。

③試験対策のためにはその試験の問題集を使う

たとえばTOEIC対策をしたい場合には、TOEICの問題集を教材にしてトレーニングをするのが最も効果的です。ほかにも、TOEFLやIELTS、英検など、特定の試験を受験予定の方は、その試験のリスニング問題を使ってタニケイ式シャドーイングに取り組むことをおすすめします。タニケイ式シャドーイングを実践すると、知らない単語や表現の意味、発音をしっかり確認していくことができます。試験にはそれぞれ、出題されやすい単語やカテゴリなどの傾向がありますから、その試験のための教材を使っていくことが一番の近道なのです。

タニケイ式シャドーイングにおすすめの教材

教材の選び方の基準をお伝えしましたが、ここからは、タニケイ式シャドーイングにおすすめの教材をいくつか紹介しますので、ぜひ参考にしてください。初級、中級、上級とレベルを記載しているものもありますが、そちらはあくまでも目安にして、実際に音声を聞いて自分のレベルに合うものを選んでいただくのが一番です。ここで紹介している教材は全て、音声と英文スクリプトがあるものです。

シャドーイングにおすすめの書籍

・TOEIC 公式問題集　＜初級・中級＞

TOEIC の音声はとてもクリアに話されており、スピードも速すぎないので、TOEIC 対策をしたい人はもちろん、シャドーイングを初めて実践する人にもおすすめの教材です。最初は Part 1 と Part 2 を問題文から選択肢まで続けて使ってみましょう。慣れてきたら、Part 3 と Part 4 を使うのがおすすめです。どちらも 30 秒～ 40 秒の音声です。中上級レベルの方でも、TOEIC のリスニングセクションのスコアを上げたい方は、この Part 3 と Part 4 を使ってトレーニングを続けていきましょう。TOEIC には頻出の単語や表現があるので、それらに慣れるためにもおすすめです。

・音声付きのレベル別洋書　＜初級・中級＞

ペンギンリーダーズ（Pearson Graded Readers）や、**ラダーシリーズ**などのレベル別洋書には、音声がついているものもあります。これらを使うと、シャドーイングを実践できます。特に**ペンギンリーダーズ**のラインナップは、映画タイトルや名作童話、現代小説やオリジナル作品など幅広いので、自分の興味のある分野の洋書を選んで、楽しみながらシャドーイングに挑戦していきましょう。特に自分が好きな部分や、ここを聞き取れるようになりたい、話せるようになりたいと思える場面に出会ったら、トレーニングに使いましょう。

・NHKラジオ語学番組　＜初級～上級＞

NHKラジオ語学番組の教材は、1回あたりの英文の量がそれほど多くないので、トレーニングに使いやすい教材です。同じレベル、同じボリュームの英文が多数用意されているので、1つの教材を卒業してから次の教材を探す手間がかかりません。迷わずに次の英文に進めるのでトレーニングを習慣化しやすいのもメリットです。ラジオを持っていなくても「**NHKラジオらじるらじる**」のアプリを使うと、リアルタイムの配信や、聞き逃し配信（前週分）を聞くことができます。初心者向けのやさしい英会話から、ビジネスに役立つフレーズや異文化コミュニケーションが学べる番組まで、さまざまなものがありますので、好きな番組を見つけて使ってみましょう。

・英語学習者向けの定期刊行雑誌　＜初級～上級＞

『ENGLISH JOURNAL』（月刊、アルク）
『CNN ENGLISH EXPRESS』（月刊、朝日出版社）
『多聴多読マガジン』（隔月刊、コスモピア）
などの英語学習者向け定期刊行雑誌を使うと、音声、英文スクリプト、和訳が必ずついていて、トレーニングに最適です。1つの音声が数十秒から数分と短いのも使いやすい点です。また、こうした雑誌では、有名人のインタビューやニュース音声などが入っており、生の英語にたくさん触れることができます。自分の興味のある記事やインタビューが入っているときに、ぜひ使ってみてください。

・TOEFL教材　＜中級・上級＞

留学を目指しているなどの理由でTOEFLを受験する方はもちろん、教養のための英語を身に付けたい方にもおすすめなのが、TOEFL教材を使ったシャドーイングです。

TOEICでは主にビジネスシーンでの会話が出題されますが、TOEFLでは海外の大学で学ぶのに必要なレベルの英語力があるかどうかが測られますので、リスニングセクションの内容は、学校生活に関する会話や、教授のレクチャーの抜粋などです。レクチャーでは、文学、歴史、生物学、言語学、文化人類学、音楽、美術、宇宙など、教養分野が幅広く出題されるので、TOEFL に必要な語彙は、TOEIC に必要な語彙とは全く違います。

また、TOEIC のリスニングが長くて 30 秒～ 40 秒なのに対して、TOEFL では **5 分程度の長いリスニング**があります。教養英語に関心がある方や、TOEIC よりも長くて難しいリスニングにチャレンジしたい方は、ぜひ TOEFL 教材を使ってシャドーイングをしていきましょう。TOEFL に役立つ音声付きの教材としては、特に以下の書籍がおすすめです。

『これで完璧！ TOEFL テスト続基本ボキャブラリー 2000 語』
（角川 SS コミュニケーションズ）
『Extensive Reading for Academic Success』
（Compass Publishing Japan）

＊『Extensive Reading for Academic Success』は書籍自体には音声が付いていませんが、以下の Web サイトから音声ファイルをダウンロードすることができます。書籍名で検索してください。
http://www.compasspub.com/eng/main/index.asp

・洋書＋Audible　＜中級・上級＞

Audible はプロのナレーターが朗読した本をアプリで聴けるサービスです。好きな洋書がある方、好きな著者がいる方は、ぜひ **Audible** 版があるか探してみてください。もし見つかれば、洋書と **Audible** の両方を購入して、シャドーイングに使いましょう。再生速度を変更することもできます。

シャドーイングにおすすめのサイト

・NHK ゴガクル　＜初級・中級＞

このサイトでは、NHKの様々な語学番組で使われた英語フレーズの音声を聞くことができます。会員登録（無料）すると、お気に入りのフレーズを集めたり、オリジナルのフレーズ集を登録したりすることもできます。短めのフレーズが多いのですが、ビジネス英語など上級者向けの番組を選ぶと、難しい単語や長めのフレーズが出てくることもあります。最初は無理なくシャドーイングができる難易度のものから始めて、慣れたら徐々に少し難しいと感じるフレーズにチャレンジしていきましょう。

https://gogakuru.com/

・BBC Learning English 6 Minute English　＜初級～上級＞

BBCの英語学習者向けサイトの人気コーナー。あるテーマに関して２人のイギリス人がディスカッションしている６分間の会話文を聞いていきます。会話文の中では、テーマに関するクイズが出され、それに関連したインタビューやスピーチなどの引用音声が含まれることもあります。シャドーイングの教材として、会話文の部分を使うのもいいですし、引用音声の部分を使ってもいいでしょう。引用音声は会話文よりさらにリアルな音声なので、聞き取りが難しい部分も多くなります。こうしたリアルな英語に慣れたいという人にも、やはりシャドーイングが効果的です。イギリス英語に慣れたい方にもおすすめです。

http://www.bbc.co.uk/learningenglish/english/features/6-minute-english

・TED　＜中級・上級＞

TEDは、Ideas worth spreadingというキャッチコピーで、さまざまな国の人が自分の専門分野に関する斬新なアイデアをスピーチするイベントです。スピーチは短いもので５分程度、長いもので20分程度です。学術、テクノロジー、エンターテインメント、デザインなど幅広い分野のスピーチがあるので、興味のあるスピーチを使ってシャドーイングを進めれば、自分の知的好奇心を満たしながら英語力を上げていくことができます。

また、**TED** では英語圏のネイティブだけでなく、さまざまな国籍の人のスピーチを聞くことができるので、たとえば仕事でフランス人と英語でやりとりをすることが多く、フランス人の英語に慣れたい、という場合はフランス人スピーカーのTEDスピーチを使うと効果的です。

TED のサイトからも音声をダウンロードできますが、TEDスピーチを聞けるアプリで、字幕表示のON/OFFや速度変更、ディクテーション機能などもついている、**TEDICT**（iOS用）や、**TEDMe**（Android用）といったアプリを利用するのもおすすめです。

https://www.ted.com/

シャドーイングにおすすめのニュース

・**The Economist**（有料）　<中級・上級>

スマートフォンアプリを使って英語のニュース雑誌を読みたい、という方におすすめなのが **The Economist**（エコノミスト）です。エコノミストという名前から、内容が経済ニュースに偏っていると思われてしまいがちですが、実は **The Economist** は国際政治を中心に、ビジネス、科学技術、書評、アートなど総合的な話題をとりあげています。

The Economist のアプリには、次のようなメリットがあります。

(1) 紙版よりもかなりお得！

(2) 音声が聞ける！

(3) 辞書機能が使える！（iOSのみ対応）

『TIME』や『Newsweek』にもアプリはありますが、読める内容が紙よりも限定的です。その点、**The Economist** アプリでは、紙版で読める全ての記事が、そのままアプリ版でも読めてしまいます。また、雑誌をスマートフォンで読むと、写真や文字が小さくて読みにくいこともよくありますが、**The Economist** は、文字中心の雑誌のため文字サイズが変更できるようになっていて、スマートフォンの画面サイズに合わせて読みやすく設定できます。

価格面でも、とてもお得です。価格は購読期間により異なりますが、3ヶ月購読で比較すると、電子版は紙版より3割以上安くなっています。定期購読をすると、毎週定期的に新しい記事が送られてきますので、それも便利です。続くかどうかわからない、という方は、無料版でもいくつかの記事を読むことが可能ですので、まずは無料版でアプリの使い心地を試してみましょう。

さらにアプリのいいところは、全ての記事に音声が付いていることです。iOSの場合、この音声を0.5倍速、1倍速、1.5倍速、2.0倍速とスピードを変更することもできます。難しいものはゆっくりにしてシャドーイングをしたり、1回読んで内容を理解した後に1.5倍速や2.0倍速で聞いてみる、といったトレーニングにも使えます。特にイギリス英語を身に付けたい方にとっては、イギリス英語でリスニングもリーディングもできてしまう、嬉しいアプリです。

いいことづくめの**The Economist**アプリですが、サイトで直接申込みをすると、解約がかなり大変です（2021年7月時点）。App Store（iOSの場合）やGoogle Playストア（Androidの場合）で**The Economist**アプリの定期購読を申し込むほうが、解約時もスムーズです。

・CNN 10　＜中級・上級＞

平日5日間、毎日10分程度のニュースが更新されます（シーズンの合間に休止期間あり）。以前のCNN Student Newsを引き継いでおり、中高生にもわかりやすく、話題のニュースの背景や影響を解説しています。動画上で自動生成の字幕が見られるほか、最新ニュースについては**CNN 10**のサイトから動画下の「Transcript and NewsQuiz」をクリックし、さらに「Click here to access the printable version of today's CNN 10 transcript.」をクリックすると、英文スクリプトが見られます。

https://edition.cnn.com/cnn10

・日経 LissN（リッスン）（有料）　＜初級～上級＞

日経の英語ニュースサイト。平日は毎日5つずつ、週末は3つずつニュースが更新されます。有料（月額600円～、2021年6月時点）ですが、音声と英文スクリプトだけでなく和訳も付いていて、音声の再生速度も変更できます。**日経 LissN** のニュースを使ってさまざまな英語学習ができる「**日経ニュース英語塾**」もおすすめです。

https://school.nikkei.co.jp/special/lissn/

・Breaking News English　＜初級～上級＞

Level 0 から Level 6 の7レベルに分かれており、同じニュースがレベル別に用意されています。音声もそれぞれ、Slowest から Fastest まで5段階用意されており、3日に1回程度新しいニュースが追加されます。ただニュースを読むだけでなく、単語や穴埋め問題、リスニングのディクテーション問題があったり、ディスカッションやライティングのお題が用意されていたりするので、1つのニュースでさまざまなアクティビティができます。

http://www.breakingnewsenglish.com/

・VOA Learning English　＜初級～上級＞

VOA の英語学習者向けニュースサイト。音声のスピードは比較的ゆっくりです。Beginning Level から Advanced Level の3レベルに分かれており、Beginning Level は500単語以内で、語彙も制限されています。ネイティブ向けのニュースは難しすぎる、という人は、このレベルから始めてみましょう。Intermediate Level は中級者向けで500単語以上。Advanced Level はノンネイティブの中でも上級者向けです。Beginning Level、Intermediate Level の音声は3分～5分、Advanced Level の音声は7分以上のものが多いです。

http://learningenglish.voanews.com/

・PBS NewsHour　＜中級・上級＞

アメリカで毎日夕方に放送されている１時間のニュース番組。**PBS** は Public Broadcasting Service の略で、非営利の公共放送ネットワークです。サイトでは毎日 **PBS NewsHour** で放送されているニュースの書き起こしスクリプトが読めます。ニュース動画や音声も掲載されているので、できれば音声を聞きながら読みましょう。カテゴリーは政治、教養、国内、国際、経済、科学、健康、教育など多岐にわたっており、ニュースだけでなく、ゲストのインタビューなどもあります。

http://www.pbs.org/newshour/

シャドーイングにおすすめの YouTube チャンネル

無料でさまざまな動画が見られる **YouTube** も、英語学習におすすめです。映画やドラマのように最初から字幕が付いていなくても、自動で英語字幕を生成して表示させる **YouTube** の機能を使えば、何を言っているか確認することができます。また、速度も 0.25 倍、0.5 倍、0.75 倍、1.25 倍、1.5 倍、２倍と変更することができるので、速すぎる場合には 0.75 倍や 0.5 倍など遅いスピードにして使えば、自分のレベルに合わせてシャドーイングをすることができます。字幕を表示させるだけでなく、右下の３点リーダー「…」から「文字起こしを開く」というメニューを選択すると、画面右側に縦に英語字幕がタイムスタンプとともに表示されます。ぜひリピーティングやオーバーラッピングに活用してください。

内容的にも面白くて人気があり、シャドーイングに向いている **YouTube チャンネル**をご紹介します。

おすすめの YouTube チャンネル

チャンネル名	ジャンル	概要
TheEllenShow	トーク	アメリカの人気トーク番組「The Ellen DeGeneres Show」のチャンネル。司会のエレン・デジェネレスさんの軽快なトークが楽しめる。
WIRED	トーク	さまざまな分野の専門家がよくある疑問に答えるチャンネル。比較的はっきり話している人が多く、聞きやすい。
CNBC	ビジネス	アメリカの CNBC の経済ニュース、情報番組のチャンネル。ビジネス系の話題に興味がある人におすすめ。
DW Documentary	ドキュメンタリー	ドイツの公共放送 DW のドキュメンタリー。政治経済、環境と自然、旅行、歴史、社会問題など、さまざまなトピックの動画がある。
FRONTLINE PBS Official	ドキュメンタリー	アメリカの公共放送 PBS のドキュメンタリー。「Amazon Empire: The Rise and Reign of Jeff Bezos」など、1本で2時間ほどある動画もあり、見ごたえがある。
BBC Click	ドキュメンタリー	イギリスの公共放送 BBC のドキュメンタリー。BBC の YouTube チャンネルはいくつかあるが、この BBC Click は特に最新テクノロジーに関心のある人におすすめ。

チャンネル名	ジャンル	概要
English Speeches	スピーチ	各界の有名人のスピーチを大きめの英語字幕付きで見ることができる。おすすめは「STEVE JOBS：Stanford Commencement」。
Rachel's English	英語学習	Rachel さんのわかりやすい説明で、英語の発音、ボキャブラリー、さまざまな表現を学べる英語学習チャンネル。
Easy English	英語学習	英語学習アニメ。字幕付きで状況がわかりやすいので、完了形や仮定法などの使い方もしっかり学べる。初心者からおすすめの英語学習チャンネル。
Motivation 2Study	学習	「5 BEST Ways to Overcome Laziness」「5 BEST Ways to Study Effectively」など、学習の効果やモチベーションに関するさまざまな動画があるチャンネル。
Dinosaur Train Official	アニメ	恐竜の親子が列車に乗って、ゆく先々でさまざまな恐竜たちに出会う。２歳～６歳の子ども向けのアニメだが、たくさんの英語表現が学べる。
PJ Masks Official	アニメ	６歳のグレッグ、コナー、アマヤは、昼間は普通の小学生。だが夜になると、町を守る勇敢なヒーロー、パジャマスクに変身！

シャドーイングにおすすめのアプリ

スマートフォンやタブレットで使える英語学習用のアプリは、電車の中や外出先のちょっとした時間でも学習することができて、とても便利です。なかでも、英語音声を繰り返し聞けて、英文スクリプトがついている、タニケイ式シャドーイングにおすすめのアプリをご紹介します。

・TEDICT（iOS／Android）

TED のスピーチを使って英語学習ができます。Repeat Playerというメニューを使うと、リピート機能や速度変更機能があり、英文スクリプトも見ることができますので、リピーティング、オーバーラッピング、シャドーイングに使いやすいアプリです。動画によっては日本語スクリプトが付いているものもあり、黙読理解のステップで役立ちます。

・VoiceTube（iOS／Android）

さまざまな動画で英語学習ができます。動画の下に、1文ごとに英語・日本語のスクリプトが表示されており、聞きたい文をタップすると聞くことができます。また、自動で1文を繰り返し聞ける自動リピート機能もあるので、ポイント練習にも使いやすいアプリです。単語を長押しすると、辞書で意味が表示され、同じ単語が使われている別の動画を見ることもできるので、単語のインプットにもおすすめです。

・英会話リスニング（FlipOut LLC）（iOS／Android）

「定番」「旅行」「現地生活」「仕事」「日本の案内」という5つのカテゴリーでさまざまな会話が収録されています。自分の好きなカテゴリーの会話を選んで、シャドーイングに使ってみましょう。和訳や豆知識の解説も付いていますので、日本人の英語学習者向きのアプリです。

・Listen English Daily Practice（Androidのみ）

Food and Health、Money and Happiness、International Mariageなど、さまざまなトピックについて英語で話されたものを聞くことができます。ナレーターではなく、普通の人がインタビューに答えているものも多くあり、比較的自然な英語で話されています。1文ごと、または区切りのいいところまでをタップして繰り返し聞くことができ、スピードは0.4倍から2倍まで変更可能で、シャドーイングをするのに便利なアプリです。

・リアル英会話（iOSのみ）

ネイティブがよく使う英語フレーズを短い会話の中で学べます。英語のスクリプトの下に日本語の訳が表示されます。音声の自動再生の設定ができ、速度も-25%（遅い）から+50%（速い）まで1%単位で細かく変更できますので、オーバーラッピングやシャドーイングを繰り返すのに便利です。初級・中級・上級のレベル別に、リスニング、ディクテーション、スピーキングの練習ができたり、お気に入りのフレーズを保存しておく機能もあります。

・TOEIC presents English Upgrader（iOS／Android）

TOEICの公式アプリで、63個のエピソードが入っており、TOEIC L&Rテストの Part 3やPart 4よりも長い音声でリスニング練習をすることができます。TOEICの音声に近く、比較的きれいな英語で話されていますので、シャドーイングでリスニング力を上げ、TOEICのスコアアップを狙いたい方におすすめのアプリです。

・EnglishCentral（iOS／Android）

生きた英語が話されているさまざまな動画を使って、リスニング、ディクテーション、発音練習、単語クイズといった学習ができるアプリです。各動画は30秒～2分くらいの長さで、映画のワンシーンやCM、インタビュー、ニュース、スピーチなど、さまざまな動画があります。動画の数は14,000本以上。ジャンルは、ビジネス、メディア、日常、旅行、アカデミック、キッズと幅広く、英語のレベルも7段階に分かれているので、自分の興味や英語力に合った動画を選んで、シャドーイングに使うことができます。

EnglishCentralは、発音練習にもおすすめです。自動の音声認識で発音チェックをしてくれる「話す」のメニューでは、他のサービスにはない精度と細かさで発音チェックをしてくれるので、発音を改善したい人もぜひ使ってみてください。自分の発音が録音されるので、正しい音声との比較もできます。正しい発音を身に付けることはシャドーイングにも役立ちますので、ぜひ試してみてくださいね。無料会員の場合、発音チェックのような学習機能は月に2動画までに限定されますが、動画の視聴は無制限で利用できます。有料会員の場合には学習機能が無制限になったり、オンライン英会話のレッスンも利用できるようになります。

シャドーイングにおすすめの映画やドラマ

映画やドラマを字幕なしで観られるようになりたい、ネイティブのナチュラルスピードの会話を聞き取れるようになりたい、と思っている方におすすめなのが、映画やドラマを使ったシャドーイングです。映画やドラマは、学習用の教材と違ってスラングがあったりスピードが速かったりするので、ネイティブのリアルな会話を聞き取るいい練習になります。仕事で英語を使いたい方は、ドラマや映画のビジネスシーンの会話を使うことで、ビジネスに使える単語や表現も身に付けられます。好きな俳優がいる方は、ぜひその俳優のセリフを真似して、トレーニングを楽しんでください。

映画やドラマのDVDをレンタルしたり買ったりするのもいいのですが、DVDでは英語音声と同じ内容の英語字幕が付いていない場合もあります。「Netflix」という動画見放題サービスを使うと、英語音声と同じ内容の英語字幕が付いている映画やドラマ、アニメが豊富にあります。また、Netflixの再生速度変更の機能を使えば、少しゆっくりにすることもできるので、初級の英語力の方から使える、いい教材になります。Netflixの活用方法は**182ページから**詳しく紹介します。

株式会社フォーインが出版している「スクリーンプレイ」という、映画の台本に和訳と詳しい解説を付けた本のシリーズもおすすめです。スクリーンプレイがあれば、DVDなどで英語字幕が出なくてもタニケイ式シャドーイングに使えますし、和訳を確認する際にも、面白い表現の使われ方や、文化的な背景がわからないと理解できない部分などを、解説が補ってくれるので、とても便利です。『プラダを着た悪魔』、『ラブ・アクチュアリー』、『ローマの休日』、『バック・トゥ・ザ・フューチャー』などの有名な映画のスクリーンプレイが出ています。

映画やドラマの選び方ですが、とにかく自分が続けたくなることが一番大切ですので、観ていて楽しめるものなら何でも構いません。人がすすめるものを試してみるのもいいのですが、自分に合わないな、と思ったら無理して観る必要はありません。特に観たい映画やドラマがなければ、会話がたくさん出てくるヒューマンドラマやコメディ、恋愛ものを選びましょう。アクションやホラーは、会話文が少ない作品が多いのであまりおすすめしませんが、好きな方は使ってみてください。仕事で英語を使いたい方は、ビジネスシーンがたくさん出てくるものを選ぶのがおすすめです。

楽しみながら毎日少しずつ英語に触れていきたい方も、仕事で使えるネイティブレベルの英語力を目指す方も、ぜひ自分の好きな映画やドラマを使ってシャドーイングを始めましょう。次から、シャドーイングにおすすめの映画、ドラマをご紹介します。

シャドーイングにおすすめの映画

・プラダを着た悪魔（The Devil Wears Prada）

2006年公開のアメリカ映画。ファッションに全く興味のないジャーナリスト志望の主人公アンディが、一流ファッション誌のカリスマ編集長ミランダのアシスタントとして働く様子を描く。テンポよく飛び交うウィットに富んだ会話を楽しもう。

＊スクリーンプレイあり

・ラブ・アクチュアリー（Love Actually）

2003年公開、イギリス・アメリカ合作の映画。様々な立場や職業の老若男女が登場し、いくつものラブ・ストーリーが同時に進行する。英国首相役のヒュー・グラントは、「ノッティングヒルの恋人」や「ブリジット・ジョーンズの日記」にも登場する有名俳優。

＊スクリーンプレイあり

・ソーシャルネットワーク（The Social Network）

2010年公開のアメリカ映画。Facebookの創設者マーク・ザッカーバーグを主人公として、Facebook創設にまつわるストーリーや、その黎明期を描いた作品。フィクションではあるが、Facebookを始めるきっかけになったできごとや、マークと周囲の人々との人間関係が興味深く味わえる作品。

・ノッティングヒルの恋人（Notting Hill）

1999年公開、イギリスのラブコメディ映画。ロンドン西部のノッティング・ヒルを舞台に、地味な書店の主人ウィリアム（ヒュー・グラント）とハリウッド女優アナ（ジュリア・ロバーツ）の恋愛模様を描く。ウィリアムのイギリス英語とアナのアメリカ英語、両方を楽しめる映画。

＊スクリーンプレイあり

・セックス・アンド・ザ・シティ（Sex and the City）

2008年公開のアメリカ映画。1998年から放映されていた同名の人気ドラマの映画版。コラムニストのキャリー、アート・ギャラリーで働くシャーロット、弁護士のミランダ、PR会社を経営するサマンサの４人が、ニューヨークを舞台に華やかな恋愛トークを繰り広げる。

・アバウト・タイム ～愛おしい時間について～（About Time）

2013年公開のイギリス映画。イギリス南西部コーンウォールに住む青年ティムは、21歳の誕生日、父親から自分にタイムトラベル能力があることを知らされる。そしてロンドンへ移り住んだティムはメアリーと出会い、恋に落ちる。恋愛映画としても楽しめるが、ティムと風変わりな家族との関係にも注目の感動作。

＊スクリーンプレイあり

・ヘアスプレー（Hairspray）

2007年公開、アメリカ・イギリス合作のミュージカル映画。1960年代のボルチモアが舞台で、主人公のトレイシーは、ダンスが大好きなビッグサイズの女の子。トレイシーのチャレンジ精神、そして人種差別に力強く立ち向かう姿に勇気をもらえる作品。ミュージカルだが会話は多い。

・天使のくれた時間（The Family Man）

2000年公開のアメリカ映画。ウォール街で大成功したジャックは、ある日突然「もしも、あの時違う選択をしていたら」という別の人生を体験することになる。自分にとって大切なものとは何か、を考えさせられるストーリー。

シャドーイングにおすすめのドラマ

・グリー（glee）

全6シーズン121話。オハイオ州マッキンリー高校の教師ウィルが、廃部になりそうだったグリークラブ（合唱部）を立て直し、個性的な生徒たちと全国大会を目指す。有名なミュージカルの曲や、誰でも知っているビートルズの名曲、最近のヒットソングなど、幅広いジャンルの曲がドラマ中のパフォーマンスに使われており、魅力的なダンスと歌も楽しめる。

・シャーロック（SHERLOCK）

全4シーズン13話。コナン・ドイルの原作をアレンジした21世紀版シャーロック・ホームズ。シャーロックとワトソンの掛け合い、そしてシャーロックが謎を解いたときの猛スピードのセリフに注目。スマートフォンやPCを使いこなす現代のシャーロックと、その浮世離れした変人ぶりも楽しめる。

・スーツ（SUITS）

全8シーズン125話。ニューヨークの法律事務所を舞台に、弁護士たちが繰り広げるストーリー。主人公のマイクはある秘密を抱えながら、敏腕弁護士ハーヴィーのもとで新米弁護士として腕を磨いていく。同僚同士や上司と部下の会話、クライアントとの会話など、ビジネスに使えるフレーズが満載。

・フレンズ（Friends）

全10シーズン236話。1994年から2004年にかけてテレビ放送されたアメリカの人気シットコム。個性豊かな6人の主要登場人物と、その周りの人々の生活、友情、恋愛を、ユーモラスに見せる。全体的に早口の会話が多いが、友人同士のナチュラルな会話表現が多く学べる。

・モダン・ファミリー（Modern Family）

全11シーズン250話。2009年から2020年にかけてテレビ放送されたアメリカのコメディ・ドラマ。年の離れたジェイとグロリア夫妻にグロリアの息子のマニー、ジェイの娘クレアと夫のフィルに3人の子どもたち、ジェイの息子ミッチェルとパートナーのキャメロン、3家族のストーリーが展開。登場人物たちが度々カメラに向かってインタビューに答えるかのように話すので、普通のドラマよりも聞き取りやすい。

・ゴシップガール（Gossip Girl）

全6シーズン121話。2007年から2012年にかけてテレビ放映されたアメリカのドラマ。ニューヨーク、マンハッタンの高級住宅街アッパー・イースト・サイドの名門私立高校に通うセレブな高校生たちの生活、恋愛模様を描く。1年前、何も言わずにコネチカットの寄宿学校に転校したセリーナが、突然ニューヨークに戻ってくるところからストーリーが始まる。

Netflixをシャドーイングに活用しよう！

動画見放題サービスはいくつかありますが、その中でもNetflixは英語学習に大変おすすめです。字幕のON/OFFをする機能がついており、英語字幕・英語音声を選択できる映画やドラマ、アニメが豊富にあるからです。また、Netflixオリジナルの映画、ドラマ、アニメも多数あり、そうしたものはNetflix上で見られなくなる心配がありません。お気に入りの映画、ドラマ、アニメを見つけて、英語学習に使い尽くしましょう。

拡張機能「Language Learning with Netflix」は英語学習に最適

Netflixはそのままでも英語学習に使いやすいのですが、特にChromeブラウザの拡張機能 Language Learning with Netflix（以下LLN）を使うと、英語学習に最適な機能を使うことができます。通常は字幕で出す言語を1つしか選べませんが、LLNを使うと、設定によって複数の言語の字幕、たとえば英語と日本語の字幕を同時に出すことができます。また、通常はシーンごとにしかセリフを見られませんが、LLNを使うと画面右側にこのようにセリフを縦に一覧で表示することもできます。

また、字幕の中で意味を知りたい単語をクリックすると、このように辞書を表示してくれます。

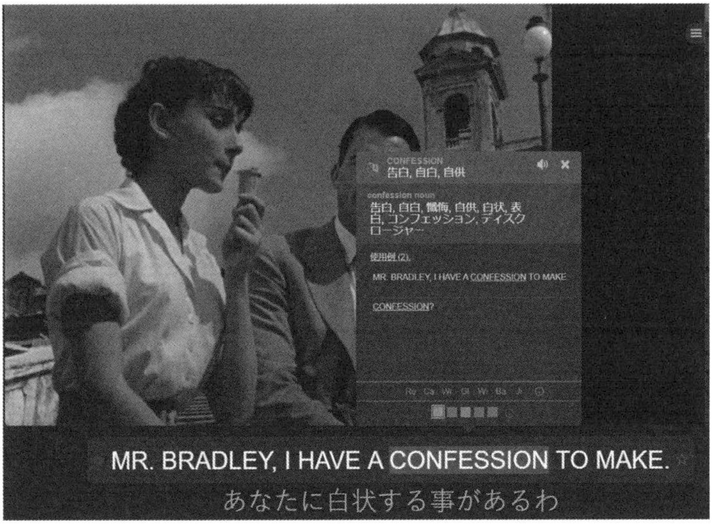

表示する字幕言語の設定は、Netflix画面右下の歯車マークからLLNの設定画面を表示させると、以下のように設定できます。

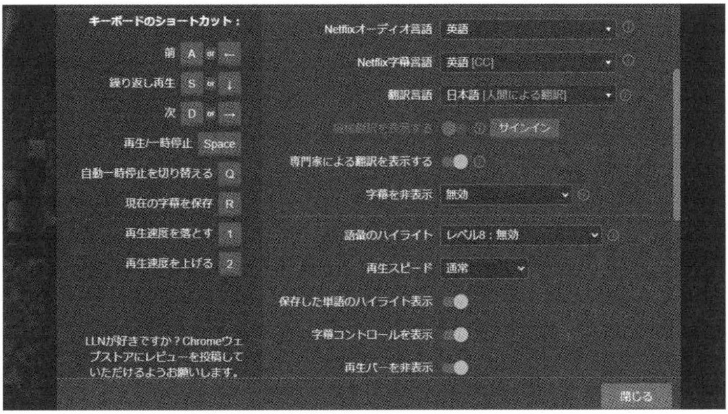

LLNを使うとショートカットキーで1つ前、1つ後のセリフに移ったり、一時停止や再開をすることもできますので、同じセリフを聞き直したり、ディクテーションやリピーティングをしたりするのに大変便利です。また、Netflixには元々再生速度を変更する機能がありますが、LLNを使うと、「1」で遅くする、「2」で速くするというようにショートカットキーで速度変更することができます。速すぎる映画やドラマのセリフも、ゆっくりにすれば、初級の方からシャドーイングに使えるいい教材になります。

ショートカットキー

前：A または ← キー
繰り返し再生：S または ↓ キー
次：D または → キー
再生 / 一時停止：スペースキー
自動一時停止を切り替える：Q キー
現在の字幕を保存：R キー
再生速度を落とす：1 キー
再生速度を上げる：2 キー

LLNの有料版（月額549円、2021年6月時点）では、機械翻訳によるセリフの翻訳が利用できたり、単語やフレーズを保存したりすることができますが、シャドーイングをするためなら無料版の機能だけでも十分です。

次から、Netflix オリジナルの映画、ドラマ、アニメをご紹介します。いずれも英語音声、英語字幕で見られるものですので、LLN の機能を活用して、ぜひ楽しみながらシャドーイングに使ってください。

おすすめ！Netflix オリジナルの映画

英語タイトル	日本語タイトル	ジャンル	概要
Klaus	クロース	アニメ / キッズ	荒れた島で嫌々ながら働くことになった郵便局員と、人を寄せ付けないおもちゃ職人の出会いから始まる「サンタクロース」誕生の心温まる物語。
Marriage Story	マリッジ・ストーリー	コメディ	離婚を決めた映画女優のニコールと舞台監督のチャーリー。親権と財産をめぐって複雑になる関係に苦しむ2人の心情を丁寧に描いた作品。
The Trial of the Chicago 7	シカゴ7裁判	ドラマ	激化したベトナム戦争反対の大規模デモ。7人の男が暴動を煽ったとして起訴され、歴史に悪名をとどろかせた理不尽な裁判が幕を開ける。
The Two Popes	2人のローマ教皇	伝記	同じ神に仕えながら考えが異なるローマ教皇ベネディクト16世とベルゴリオ枢機卿の対話から、カトリック教会の歴史的転換点の裏側を描く。
The Fundamentals of Caring	思いやりのススメ	コメディ ドラマ	心に傷を抱え作家を諦めて介護士になった男と、気難しい筋ジストロフィーの青年が心を通わせ、青年が関心を持つ洞穴を見るための旅に出る。
Private Life	プライベート・ライフ	ヒューマンドラマ	不妊治療に取り組む40代の夫婦は、終わりの見えない試行錯誤に疲弊していたが、葛藤の末に姪からの卵子提供を受けることを決める。
The Forty-Year-Old Version	40歳の解釈：ラダの場合	コメディ	劇作家のラダはキャリアの閉塞感に悩むなかで衝動の赴くままにラップを作り、四十路を前にしてラッパーになる夢を持つ。

英語タイトル	日本語タイトル	ジャンル	概要
Angela's Christmas	アンジェラのクリスマス	アニメ	クリスマスイブの夜、幼い少女アンジェラは教会にある赤ちゃんのイエス様の人形が裸なのを見てかわいそうに思い、連れ帰ることにするが…。
The Dig	時の面影	ドラマ	夫を亡くした女性が所有地にある塚の発掘をアマチュア考古学者に依頼する。やがて潜んでいた遺産が顔を出し、いにしえの記憶がよみがえる。
To All the Boys I've Loved Before	好きだった君へのラブレター	恋愛コメディ	妄想好きのララは男の子を好きになるたび出すつもりのないラブレターを書いていた。その手紙が本人たちのもとに届いてしまい、現実の恋が動き出す。
The Christmas Chronicles	クリスマス・クロニクル	アドベンチャー／コメディ	サンタのそりが事故に遭う原因をつくってしまった兄妹は、プレゼントを配れなくなってピンチに陥ったサンタの手伝いをすることになる。
Mank	Mank ／マンク	伝記	1930 年代のハリウッドで、アルコール依存症の脚本家ハーマン・J・マンキウィッツが「市民ケーン」の脚本執筆を急ぐ様子を描く。
Deidra & Laney Rob a Train	ディードラ＆レイニーの列車強盗	ヒューマンドラマ	10 代の姉妹ディードラとレイニーは、母親が刑務所に入ってお金が尽きてしまう。困り果てた２人は生活のため貨物列車を襲う計画を思いつく。
The Princess Switch	スイッチング・プリンセス	恋愛ドラマ	シカゴのベーカリーで働くステイシーは、自分と瓜二つの侯爵令嬢に出会い、王子との結婚前に２日間だけ入れ替わりたいと持ち掛けられる。

おすすめ！Netflix オリジナルのドラマ

・ハウス・オブ・カード 野望の階段（House of Cards）

全6シーズン73話。アメリカの政治ドラマ。大統領就任を目指す野心家の夫婦のストーリー。ネット配信で初公開されたドラマシリーズとして史上初めてプライムタイム・エミー賞を受賞した。

・アンという名の少女（Anne with an E）

全3シーズン27話。L・M・モンゴメリの1908年の小説『赤毛のアン』に基づくテレビドラマシリーズ。天性の想像力と溢れんばかりの情熱が取り柄の少女アンは、孤児院を出てカスバート兄妹の元に引き取られ成長していく。

・ザ・クラウン（The Crown）

全4シーズン40話。イギリス女王エリザベス2世の治世を描いた歴史ドラマ。政界実力者との確執、王室のロマンス、そして20世紀後半を彩る歴史的事件の影で葛藤する、生身の女王の姿を重厚に描く。

・ザ・ポリティシャン（The Politician）

全2シーズン15話。アメリカのコメディドラマ。サンタバーバラの富豪の御曹司ペイトンは、物心ついた頃から大統領になることを夢見てきたが、手始めに高校の生徒会長選で奮闘する。

・エミリー、パリへ行く（Emily in Paris）
１シーズン10話（シーズン２配信予定）。シカゴでマーケティングをしていたエミリーは、思いがけず仕事のためパリに移住することになる。仕事に恋に全力投球のエミリーの生活を描いたコメディドラマ。

・ブリジャートン家（Bridgerton）
１シーズン８話（シーズン２配信予定）。19世紀初頭のロンドン社交界で、ブリジャートン家の８人きょうだいが、それぞれの愛と幸せを追い求める姿を描く。貴族たちの恋愛模様、名家の興亡、魅力的な衣装や調度品にも注目。

・ミルドレッドの魔女学校（The Worst Witch）
全４シーズン51話。魔女学校に入学したドジな女の子が、空飛ぶほうきや魔法がいっぱいの、不思議な世界で冒険を繰り広げる。イギリスの人気児童書、ジル・マーフィの「ワーストウィッチ」シリーズの映像化作品。

・フラーハウス（Fuller House）
全５シーズン75話。アメリカのシットコム。1987年から1995年にかけて放映されていた人気番組「フルハウス」のその後を描いたスピンオフシリーズで、「フルハウス」に出演していた役者がそのままの役で多数出演している。フルハウスを見ていた人は特に楽しめる。

おすすめ！Netflix オリジナルのアニメ
（＊英語音声・英語字幕ありのもの）

ジャンル	タイトル	シーズン数	エピソード
SF	ネオ・ヨキオ	1	6
アクション	Knights of the Zodiac（聖闘士星矢）	2	12
	グリッチ・テックス	2	19
	シーラとプリンセス戦士	5	52
アドベンチャー	カルメン・サンディエゴ	4	32
	ゼウスの血	1	8
	Dragon's Dogma	1	7
	ジュラシック・ワールド／サバイバル・キャンプ	3	26
キッズドラマ	レゴ フレンズ ともだちキラキラものがたり	2	4
コメディ	F は Family の F	4	36
	ハービー・ガールズ・フォーエバー！	4	52
	ボス・ベイビー：ビジネスは赤ちゃんにおまかせ！	4	49

ジャンル	タイトル	シーズン数	エピソード
サスペンス	B：The Beginning	2	18
ファンタジー	バンザイ！　キング・ジュリアン	5	65
	ウォーターシップ・ダウンのうさぎたち	1	4
	エバー・アフター・ハイ	4	16
	ドラゴン王子	3	27
	ヒックとドラゴン	6	78
	魔法が解けて	3	30
	マジック・スクール・バス・リターンズ	2	26
	トゥルーと虹の王国	4	19
ダークファンタジー	悪魔城ドラキュラ ーキャッスルヴァニアー	4	32
ロボットアニメ	ヴォルトロン	8	78
	トランスフォーマー：ウォー・フォー・サイバトロン	2	12

Disney+（ディズニープラス）で楽しくシャドーイング

ディズニーがグローバルで展開する定額制公式動画配信サービス「Disney+（ディズニープラス）」では、ディズニー、ピクサー、マーベル、スター・ウォーズ、ナショナル ジオグラフィックの名作・話題作が見放題。映画館で上映中の新作もあれば、「美女と野獣」「アラジン」「アナと雪の女王」「トイ・ストーリー」「カーズ」「ファインディング・ニモ」など、もう一度見たい名作も豊富にあります。アニメだけでなく、「スター・ウォーズ」シリーズ、「アベンジャーズ」シリーズ、「天使にラブソングを」「グレイテスト・ショーマン」などの映画も見られます。ディズニーアニメが好きな人はもちろん、楽しいアニメや映画でシャドーイングを始めてみたいという人にピッタリです。音声、字幕はどちらも英語・日本語が選べるものがほとんどです。

ナショナル ジオグラフィックの作品がここまで見られるのも **Disney+** ならでは。ナショナル ジオグラフィックといえば自然や動物に注目したドキュメンタリーが多いのですが、「ビッグ・アイディア 世界を変える未来の起業家たち」というドキュメンタリーでは、ユニークなアイデアをもつ、異なる国々から来た5人の学生が、起業家コンペティションに出場する様子を描いており、わくわくさせてくれます。

Disney+ でしか見られないオリジナル作品も100個ほどあります（2021年6月時点）。

CHAPTER

5

第5章

3ヶ月でTOEIC100点アップするレベル別対策法

3ヶ月でTOEIC100点アップするレベル別対策法

正しいTOEIC対策をしなければスコアは上がらない

TOEIC L&R（Listening & Reading）テストは、毎月公開テスト受験機会があり、会社でIPテストを受験できる人も多いため、自分の英語力を測る指標として使いやすいテストです。TOEIC対策本としては、TOEICの運営団体である一般財団法人国際ビジネスコミュニケーション協会が出している公式問題集が出版されているだけでなく、ほかにも多数の市販の対策本が出ています。日本だけで年間150万人以上が受験しており、テストに関する情報も豊富です。さらに、出題内容に明確な傾向があり、対策が立てやすく準備しやすいテストです。

そうはいっても、ただ問題集の問題を解いて答え合わせをして、間違えた問題の音声をもう一度聞いたり、英文を読み直したりするといった程度の勉強では、なかなかTOEICのスコアは上がりません。それは、今までTOEICを受けてきた方の多くが実感されていることだと思います。

では、TOEICのスコアを上げるにはどのような対策が必要なのでしょうか。まずは、**第1章**のはじめに「英語学習の全体像」でお伝えした4つの要素、「文法」「トレーニング」「コミュニケーション」「単語」のうち、「文法」と「単語」の基礎力が必要です。では文法力と単語力があればTOEICでハイスコアが取れるのでしょうか。いいえ、それだけでも足りません。TOEICの出題傾向に合わせた効果的なトレーニングが必要です。

ここで、ぜひ本書の7ステップのシャドーイングを使ってください。一定期間シャドーイングのトレーニングをすることで、まずはリスニングの実力を上げることができます。現状レベルと目指すレベルの差によって、どのくらいの時間トレーニングをすべきかが変わりますが、実績としては1日30分×3ヶ月のトレーニングを続けることで、100点以上の点数アップが見込めます。

本章では、どのようにTOEIC対策をすれば、3ヶ月で100点アップという成果を達成できるのか、その具体的な方法をお伝えします。

教材はまず公式問題集を使い尽くそう

教材として何を使うかは、英語学習全般において重要な要素ですが、TOEIC対策においては特に重要です。TOEIC対策本としては、さまざまな市販の本が出ていますが、一番のおすすめはTOEICの運営団体である一般財団法人国際ビジネスコミュニケーション協会が出している公式問題集です。余力があれば他の本に手を広げても構いませんが、まずは公式問題集を使い尽くしましょう。

公式問題集がおすすめの理由は、次の３点です。

(1) 公式本のため、問題の傾向と難易度が本番に近い
(2) 本番と同じ公式ナレーターが音声を読み上げている
(3) 解説が必要最低限で読みやすく、無駄な時間がかからない

(1)(2) はよくいわれるポイントですが、公式問題集以外の対策本にはない大きな利点です。そして、実は (3) も限られた時間で効率よく対策をするのに欠かせない重要なポイントです。市販の対策本では、初心者でもわかるようにていねいすぎる解説を盛り込んでいたり、逆に解説がほとんどなく、英文スクリプトと和訳のみ、という場合もあります。どちらの場合にも、自分にとって必要な内容を理解するのに、余計な時間がかかってしまうのです。

一般財団法人国際ビジネスコミュニケーション協会から出版されている模試形式の公式問題集のうち、現行のTOEICの形式（2016年5月からの新形式）に対応したものは次の8冊です（2021年6月時点）。

『TOEIC® テスト公式問題集 新形式問題対応編』2016年2月発売
『公式TOEIC® Listening & Reading 問題集1』2016年10月発売
『公式TOEIC® Listening & Reading 問題集2』2017年2月発売
『公式TOEIC® Listening & Reading 問題集3』2017年12月発売
『公式TOEIC® Listening & Reading 問題集4』2018年10月発売
『公式TOEIC® Listening & Reading 問題集5』2019年6月発売
『公式TOEIC® Listening & Reading 問題集6』2020年2月発売
『公式TOEIC® Listening & Reading 問題集7』2020年12月発売

1冊につき2回分の模試が入っています。少なく感じるかもしれませんが、じっくり解説を読んで理解したり、間違えた問題、自信のなかったリスニング問題をシャドーイングのトレーニングに使ったりするには、十分な量です。どれを使うか迷う場合には、一番新しいものから使っていきましょう。

レベル別のTOEIC対策アドバイス

現状のTOEICレベルに応じた対策アドバイスです。TOEICを受けたことのある方は、直近のスコアをもとにスコア別の対策を読んでください。リーディングとリスニングのスコアに偏りがある方は、かっこ内のリスニングのスコアを基準にして、選んでください。

まだTOEICを受けたことのない方は自分のスコアがどのくらいなのかわからないと思います。もし、中学レベルの英文法に自信があり、学生時代英語が苦手科目ではなかったなら「600点～800点の人」向けのアドバイスを、それ以外の方は「600点未満の人」向けのアドバイスを参考にしてトレーニングを始めてください。もし簡単すぎるようであれば、上のレベルの対策に移ってみてください。

600点未満の人（リスニング300点未満の人）

TOEICでは、中学校レベルの基礎文法の知識が必要になります。600点未満の人は、基礎文法の中で忘れてしまっている部分、理解があやふやな部分がある可能性が高いので「**コラム３ 大人のためのやり直し英文法**」も参考にして、基礎文法の復習をしておきましょう。また、おそらく単語力も伸ばせる余地が大きいはずです。TOEICには頻出の単語がありますので、公式問題集などで知らない単語を見つけたら、**第７章**にあるようなさまざまな方法を使って、しっかりインプットしましょう。

３ヶ月の対策プラン

１週目：基礎文法の復習

まず中学英文法の復習をしましょう。特に、品詞、文型、時制、接続詞、前置詞、受動態はTOEICにおける頻出項目です。TOEICでは、大学受験に出るような難解な文法は出ませんが、中学レベルの基礎文法がしっかりと身に付いていないと、リスニングセクションで音が聞けても意味がわからない状態になってしまいます。

また、基礎文法力がないと、リーディングセクションのPart 5、Part 6の問題を反射的に解くことができないため、時間が足りなくなってしまいます。さらに基礎文法力はPart 7の長文読解にも役立ちますので、一度復習をしておきましょう。「**コラム３ 大人のためのやり直し英文法**」でも紹介していますが、分厚い文法書を丸々読む必要はありません。薄い問題集を１冊用意して苦手項目に絞って復習し、あとでわからないことが出てきたときに、どの項目を復習すればいいのかわかる状態にしておきましょう。

2週目～6週目：Part 1、Part 2でシャドーイングトレーニング

ここからは公式問題集を使ったトレーニングに入ります。まずは、リスニングセクションで、短い文が問題に使われているPart 1、Part 2から使います。

Part 1の問題は、写真を見ながら、4つの短い説明文を聞き、その写真を描写している選択肢を選ぶ、というものです。4つの選択肢の説明文を続けて聞き、7ステップのタニケイ式シャドーイングのトレーニングに使いましょう。Part 1ではTOEICに頻出の単語や表現、シチュエーションが出てきますので、もし知らない単語や表現が出てきたら、その発音とともにしっかりインプットしましょう。意味をイメージしながらのリピーティング（聞いてから繰り返す）が有効です。

Part 2の問題は、1つの文とそれに対する3つの答えが読まれ、会話として成り立つ答えを選ぶ、というものです。最初の文と3つの選択肢の文を続けて聞き、トレーニングに使いましょう。Part 2は問題用紙に何もヒントがなく、全て音声で聞き取らないといけない、とても集中力のいるパートです。特に、最初の文頭の部分を聞き逃してしまうと、それが質問だった際に、Whereと場所を聞いているのか、Whenと時間を聞いているのかがわからず、間違った答えを選んでしまう可能性が高くなります。Part 2に必要な集中力をシャドーイングでしっかりと身に付けましょう。

7週目～11週目：Part 3でシャドーイングトレーニング

Part 1、Part 2を使ったシャドーイングに慣れたら、次は長めの会話文であるPart 3を使ったトレーニングに移りましょう。1回音声を聞いてみて、「半分くらいしか聞き取れないもの」（話のメインの流れはわかるけれども詳細はところどころ聞き取れないもの）を選んで、トレーニングに使っていきましょう。

Part 3の会話文は2人または3人の会話で、時間は30秒～40秒程度です。1つの問題文につき3つの設問に答えます。設問は問題用

紙に印刷されているので、問題演習のときや本番では、設問を先に読んでおき、どこに注力して聞けばいいかを頭に入れた状態で会話文を聞きましょう。ただし、トレーニングの際には、会話文を全て聞き取ることが目標ですので、設問を先に読んでおく必要はありません。また設問は問題用紙に印刷されているので、リスニングのトレーニングに使うのは会話文の部分のみです。

1つの大問につき、5日～7日程度かけてしっかり聞き取れるようにしていきましょう。ただし、7日かけてもシャドーイングができるようにならない場合には、それ以上の日数をかけて構いません。ここではリスニングの基礎力をつけていくことが目的ですので、数をこなすことに一生懸命にならないようにしてください。もし、Part 3の全問（大問13題）が終わってしまったら、Part 4も同様に取り組んでみてください。

12週目：TOEIC公式問題集で演習（2セット）

最後の週は演習です。トレーニングに使っていない問題のセットを使い、時間を計りながら演習をしましょう。まとまった時間が取れなければ、セクションごと（リスニング・リーディング）やパートごと（Part 1～Part 7）に分けての演習でも構いませんが、前日までに必ず1回は、本番と同じように2時間続けて模試を解いてみてください。リスニングで集中力を使った後の疲れ具合や、リーディングでの時間配分の感覚をつかむためです。

間違えた問題については、単に解答・解説を読むだけではなく、次回は間違えない自信がつくまで復習をします。具体的には、(1) 解答・解説を読む (2) 文法の間違いや勘違いによる場合には、その項目を復習して、しっかり納得するまで理解する (3) 間違えた文章や聞き取れなかった文章を音読する（20回程度、意味をイメージしながら）(4) リスニングセクションの場合には、音声を使いながらリピーティング、オーバーラッピング、シャドーイングをしてから、再度リスニングをして、聞き取れるかどうか確認する、という方法で復習をしましょう。

600点～800点の人（リスニング300点～400点の人）

このレベルの人は、基礎文法の知識はあると思われますので、シャドーイングのトレーニングをリスニングの全パートで実施し、リスニングの実力を上げるとともに、演習を十分に実施して解答力を上げましょう。

3ヶ月の対策プラン

1週目～3週目：Part 1、Part 2でシャドーイングトレーニング

公式問題集のリスニングセクションで、短い文が問題に使われているPart 1、Part 2から使います。1回で聞き取れなかった問題のみ、7ステップのタニケイ式シャドーイングに使ってください。

Part 1の問題は、写真を見ながら、4つの短い説明文を聞き、その写真を描写している選択肢を選ぶというものです。4つの選択肢の説明文を3問分続けて聞き、トレーニングに使いましょう。Part 1ではTOEICに頻出の単語や表現、シチュエーションが出てきますので、もし知らない単語や表現が出てきたら、その発音とともにしっかりインプットしましょう。意味をイメージしながらのリピーティング（聞いてから繰り返す）が有効です。

Part 2の問題は、1つの文とそれに対する3つの答えが読まれ、会話として成り立つ答えを選ぶというものです。最初の文と3つの選択肢の文を5問分続けて聞き、トレーニングに使いましょう。Part 2は問題用紙に何もヒントがなく、全て音声で聞き取らないといけない、とても集中力のいるパートです。特に、文頭の部分を聞き逃してしまうと、それが質問だった際に、Whereと場所を聞いているのか、Whenと時間を聞いているのかがわからず、間違った答えを選んでしまう可能性が高くなります。Part 2に必要な集中力をシャドーイングでしっかりと身に付けましょう。

4 週目～ 10 週目：Part 3、Part 4 でシャドーイングトレーニング

Part 3、Part 4 を使ったトレーニングで、リスニングの基礎力を上げていきましょう。1回音声を聞いてみて、「半分くらいしか聞き取れないもの」（話のメインの流れはわかるけれども詳細はところどころ聞き取れないもの）を選んで、トレーニングに使いましょう。

Part 3 の会話文は 2 人または 3 人の会話で、時間は 30 秒～ 40 秒程度です。Part 4 は1人の人が話している文章で、長さは同じくらいです。どちらも、1つの問題文につき 3 つの設問に答えます。設問は問題用紙に印刷されているので、問題演習のときや本番では、設問を先に読んでおき、どこに注力して聞けばいいかを頭に入れた状態で会話文を聞きましょう。ただし、トレーニングの際には、全部を聞き取ることが目標ですので、設問を先に読んでおく必要はありません。

1つの大問につき、3 日～ 5 日程度を目安にしますが、それより早くシャドーイングができるようになったら、どんどん次の問題に移りましょう。また、5 日かけてもシャドーイングができるようにならない場合には、それ以上の日数をかけて構いません。リスニングの基礎力をつけていくことが目的ですので、数をこなすことに一生懸命にならないようにしてください。

11 週目～ 12 週目：TOEIC 公式問題集で演習（4 セット）

最後の 2 週間は演習に使います。トレーニングに使っていない問題のセットを使い、時間を計りながら演習をしましょう。まとまった時間が取れなければ、セクションごと（リスニング・リーディング）やパートごと（Part 1 ～ Part 7）に分けての演習でも構いませんが、前日までに必ず1回は、本番と同じように 2 時間続けて模試を解いてみてください。リスニングで集中力を使った後の疲れ具合や、リーディングでの時間配分の感覚をつかむためです。

間違えた問題については、単に解答・解説を読むだけではなく、次回は間違えない自信がつくまで復習をします。具体的には、(1) 解答・

解説を読む（2）文法の間違いや勘違いによる場合には、その項目を復習して、しっかり納得するまで理解する（3）間違えた文章や聞き取れなかった文章を音読する（20回程度、意味をイメージしながら）（4）リスニングセクションの場合には、音声を使いながらリピーティング、オーバーラッピング、シャドーイングをしてから、再度リスニングをして、聞き取れるかどうか確認する、という方法で復習をしましょう。

800点〜900点の人（リスニング400点〜450点の人）

このレベルの人は、シャドーイングのトレーニングでリスニングの実力を上げることで、楽にリスニングセクションが聞き取れるようになります。その分、さほど疲れを感じずにリーディングセクションに入れるようになりますので、あとは単語力や、ペース配分、リーディングでの速読力、読解力が大事になります。トレーニングと演習をどちらも十分に実践し、自分の弱点を意識的に見つけて補強していきましょう。

3ヶ月の対策プラン

1週目：Part 1、Part 2でシャドーイングトレーニング

公式問題集のPart 1、Part 2から使います。このレベルの人はPart 1、Part 2では聞き取れない問題は数問ずつしかないはずですので、1回で聞き取れなかった問題のみ、7ステップのタニケイ式シャドーイングに使ってください。聞き取れなかった原因をつかみ、それを解消することを意識しながらトレーニングを進めましょう。

もし、聞き取れない問題がなければ、次のPart 3、Part 4のトレーニングに移ってください。

2週目〜8週目：Part 3、Part 4でシャドーイングトレーニング

Part 3、Part 4を使ったトレーニングで、リスニング力をさらに上げていきましょう。1回音声を聞いてみて、「半分くらいしか聞き取れないもの」（話のメインの流れはわかるけれども詳細はところどころ聞き取れないもの）を選んで、トレーニングに使いましょう。

Part 3の会話文は2人または3人の会話で、時間は30秒〜40秒程度です。Part 4は1人の人が話している文章で、長さは同じくらいです。どちらも、1つの問題文につき3つの設問に答えます。設問は問題用紙に印刷されているので、問題演習のときや本番では、設問を先に読んでおき、どこに注力して聞けばいいかを頭に入れた状態で会話文を聞きましょう。ただし、トレーニングの際には、全部を聞き取ることが目標ですので、設問を先に読んでおく必要はありません。

1つの大問につき、2日〜3日程度を目安にトレーニングしますが、それより早くシャドーイングができるようになったら、どんどん次の問題に移りましょう。さまざまな音声を使ったシャドーイングをすることで、聞き取れるようになる音声のバリエーションを増やしていきます。

9週目〜12週目：TOEIC公式問題集で演習（8セット）

最後の1ヶ月は演習に使います。トレーニングに使っていない問題のセットを使い、時間を計りながら演習をしましょう。まとまった時間が取れなければ、セクションごと（リスニング・リーディング）やパートごと（Part 1〜Part 7）に分けての演習でも構いませんが、前日までに必ず1回は、本番と同じように2時間続けて模試を解いてみてください。リスニングで集中力を使った後の疲れ具合や、リーディングでの時間配分の感覚をつかむためです。

間違えた問題については、単に解答・解説を読むだけではなく、次回は間違えない自信がつくまで復習をします。具体的には、(1) 解答・解説を読む (2) 文法の間違いや勘違いによる場合には、その項目を復

習して、しっかり納得するまで理解する（3）間違えた文章や聞き取れなかった文章を音読する（20回程度、意味をイメージしながら）（4）リスニングセクションの場合には、音声を使いながらリピーティング、オーバーラッピング、シャドーイングをしてから、再度リスニングをして、聞き取れるかどうか確認する、という方法で復習をしましょう。

900点以上の人（リスニング450点以上の人）

TOEIC L&Rテストで900点を超えたら、他の試験を受けてみたり、実際に英語を使ったコミュニケーションの機会を増やしたりすることをおすすめします。たとえば、TOEIC S&W（Speaking & Writing）テストや、TOEFL、英検などの、スピーキングやライティングの技能も測れる試験にチャレンジしてみましょう。スピーキングやライティングといったアウトプットを目標に置くと、インプットの質も上がります。単語や言い回し、正しい発音などが、しっかりと自分の中に入っていないと、スムーズにアウトプットすることができないからです。

また、実際のコミュニケーションとしては、英語を使って何かを学んだり、英語で自分の関心のあることについて情報を収集したり、SNSやブログを使ってアウトプットをしてみることがおすすめです。試験では得られなかった、生きた英語に触れる経験ができ、インプット、アウトプットできる英語の幅も広がっていきます。

TOEICで900点を超えると、それまでと同じ時間をかけても、TOEICのスコアは上がりにくくなります。その最後の数十点に力を注ぐよりも、視野を広げて、違った形でより高い英語力を目指していただくほうがおすすめですが、もしTOEIC L&Rテストでどうしても高得点がとりたい、という場合には、次のようなトレーニングがおすすめです。

◆英訳スピーキング＆暗唱

TOEIC L&Rテスト公式問題集のリスニングセクションの解答・解説編を使います。最初はPart 1、Part 2から、慣れたらPart 3やPart 4を使いましょう。まず和訳部分を見て、自分なりに英訳してスピーキングしてみます。１文を言い終えたら、英文を見て、自分のスピーキングしたものと、どう違うかを確認します。覚えたい単語や表現が入っていた場合には、その英文を繰り返し声に出して暗唱します。

◆英訳ライティング＆筆写

公式問題集の解答・解説編のリーディングセクションの英文を使います。最初はPart 5、慣れたらPart 6やPart 7を使いましょう。まず和訳部分を見て、自分なりに英訳してライティングしてみます。Part 6やPart 7の場合は、１文ずつではなく、大問を１題ずつ、まとめて書いて構いません。最後に英文を見て、覚えたい単語や表現が入っている文を書き写していきます。

この英訳スピーキング＆暗唱、英訳ライティング＆筆写というトレーニングは、TOEIC頻出の単語や表現をインプットできるだけでなく、アウトプットの練習をすることもできるので、TOEICテストの範囲を超えた高い英語力を目指す人にもおすすめのトレーニングです。

また、TOEICの問題集を使った英語学習だけでなく、映画やドラマを楽しみながら、リピーティング、オーバーラッピング、シャドーイングをすることも、おすすめです。速いスピードの英語に耳が慣れるため、TOEICのリスニングが楽に感じるという効果があります。

TOEICのためのリーディング対策

シャドーイングのトレーニングばかりをおすすめしていると、リーディングの対策はしなくていいのかと思われるでしょう。この7ステップのタニケイ式シャドーイングには、情報処理能力が上がる、単語力がつく、頭の中で読めるスピードが速くなるといった効果があるので、実はリーディングセクションのスコアアップも見込めます。

ただし、基礎文法や、リーディングセクションにしか出てこないような単語については、タニケイ式シャドーイング以外の時間をとって、しっかりと身に付ける必要があります。特にリーディングセクションのスコアが低い人は、リーディング対策も合わせて実施しましょう。

リーディングセクションは、リスニングセクションと違い自分のペースで解いていくため、75分という時間内に解答を終えるための時間配分が大切になります。

TOEICを初めて受験する人は、まず一度公式問題集でリーディングセクションの問題を解いてみて、パートごとにかかった時間を計りましょう。そして、以下のように、Part 5～Part 6を解くのにかかった時間に応じて対策をとるようにしてください。

Part 5～Part 6を解くのに30分以上かかる人

Part 5、Part 6では、文法問題や語彙問題が出題されます。文法力が足りない、瞬間的に解答できるほど身に付いていない、もしくは単語力が足りない場合には、ここで考えすぎて30分以上かかってしまいます。まずはPart 5、Part 6を合わせて30分以内で解くことを目標にしましょう。

基礎レベルの文法とTOEIC頻出の単語をしっかりと身に付ければ、30分以内で解けるようになります。中学レベルの文法に自信がない人は復習をしましょう。語彙問題で迷ってしまう人はTOEIC頻出の単語を覚えてしまいましょう。Part 5を解くのが格段に楽になるはずです。

また、真っ先にできることとして、「1問30秒」を意識しましょう。Part 5は30問、Part 6は16問ですので、1問30秒で解けると23分になります。Part 5、Part 6で合計30分使えると考えると、1問30秒で解いていけば時間が余るくらいです。

1問30秒以内で解けそうもなかったら適当にマークをして次の問題に移る、というように決めておくと、Part 7に残す時間を守ることができます。とはいえ、全部適当にマークしてしまうと、もちろんハイスコアは望めません。瞬間的に解ける問題をいかに増やしていくかが重要ですので、やみくもにたくさん問題を解くのではなく、演習で自分の弱点を見つけ、苦手な文法項目を補強したり、単語をインプットしたりして、弱点をなくしていく意識を大事にしてください。

Part 5～6は30分以内に解き終わるが、Part 7が終わらない人

Part 7は長文問題で、1つの大問につき2問～5問の設問が出されます。先に長文をざっと読んでから設問を解いてもいいですし、先に設問を読んでおいてから長文を読み始め、このあたりに答えがありそうだとわかったら精読しながら解答する、という解き方でも構いません。演習で試してみて、自分の得意な解き方を見つけましょう。

長文を読むのが遅い場合には、文法力、単語力が低い場合もありますが、Part 5、Part 6でほぼ正答できているという場合には、長文を読むこと自体に慣れていない可能性が高いので、TOEICの問題集を使った「速読トレーニング」をしてみましょう。

速読トレーニングでは、内容を把握しながら、ある程度の長さの文章を速めのスピードで読み続ける力を養います。一字一句を理解しながら読む「精読的な読み方」、日本語に訳しながらの読み方だと、どうしても遅くなってしまいます。

「返り読みをしない」（一度読んだ文を頭から読み直さない）、「速く読むことを意識する」をルールとして、時間を計りながら同じものを3回速読します。この時、だんだん速く読めるように意識してスピードを上

げていきます。ただし、語彙が不足していたり、難しい構文があったりして読むのが遅くなっている可能性がありますので、3回の速読前に、一度しっかり時間をかけて読み、知らない単語は調べて、意味を理解しておいてください。時間をかけて読んでも理解できないものは、速読もできません。

速読トレーニングを続けると、早い人では1週間程度で「読むのが楽になった」という感覚を得られると思います。長くても1ヶ月続ければ、その感覚を得られるはずです。

Part 5～Part 7まで全て時間内に解き終わるが、正答率が低い人

時間は意識できているけれども正答率が低い場合は、文法力、単語力、読解力に不足があるか、問題を読み違えているか、ケアレスミスでマークを塗り間違えていたりするかのどれかです。まずは、自分の弱点がどこにあるのかを落ち着いて探しましょう。ケアレスミスが多い人は、本番に弱いのかもしれません。演習をする際に、図書館などの静かな場所で本番をイメージして、時間を計りながら、緊張感をもって解く練習もしてみてください。

TOEICを受験したことがある人は、公式認定証にあるABILITIES MEASURED（アビリティーズメジャード・項目別正答率）の「語彙が理解できる」「文法が理解できる」が低くないかを確認しましょう。低い項目があれば、それに対応した対策をとりましょう。

TOEICに必要な単語力をつけるには

TOEICは単語を知らないと解けない問題も多く、特にTOEIC頻出の単語が多数ありますので、ハイスコアを狙うにはTOEIC頻出単語を覚えてしまうのが有効です。公式問題集から少しずつ知らない単語を覚えていくことも必要ですが、TOEIC用の単語集も多数出ていますので、その中から特におすすめのものを紹介します。単語の覚え方については**第7章**を参考にしてください。

おすすめのTOEIC単語集

『キクタンTOEIC L&Rテスト』シリーズ（アルク）

目標スコアごとに頻出単語を集めたシリーズ。1回の学習語彙が16語に設定されていて、少しずつ学習がしやすくなっている。音声はmp3ファイルをダウンロードするか、**ALCO**アプリで聞くことができる。チャンツあり／なしで英語→日本語→英語を聞いたり、センテンスを聞いたりすることができる。

『TOEIC L&R TEST 出る単特急 金のフレーズ』（朝日新聞出版）

全単語にフレーズが掲載されており、TOEIC頻出の単語と使われ方が一目瞭然。音声はmp3ファイルをダウンロードするか、**abceed**アプリで聞くことができる。上級者には**『TOEIC L&R TEST 上級単語特急 黒のフレーズ』**もおすすめ。

直前1週間でもできるTOEIC対策

ここまで、3ヶ月で100点アップをねらうための対策をお伝えしてきました。ここでは「3ヶ月も時間はないが、直前でもできることをしたい」という方のために、直前1週間でもできるTOEIC対策を紹介します。ただし、この直前対策が有効なのは、基礎的な文法力、単語力などのベースがある方に限ります。それらのベースがないと思う方は、1週間で自分の文法上の弱点項目をいくつか補強したり、単語を100個覚えたりするなど、できる限りのことをしましょう。

TOEIC直前1週間の超短期集中トレーニング

この超短期集中トレーニングは、TOEICのPart 3、Part 4の音声とスクリプトを使って、リスニング、オーバーラッピング、ポイント練習、シャドーイングを駆け足でするものです。

トレーニングに使うもの

・音声

TOEIC公式問題集のPart 3、Part 4の音声のうち「あまり聞き取れない」と思うものを使います。

・音声再生ソフトやアプリ

AB間再生（範囲を指定しての再生）とスピード調整ができるソフトやアプリを使いましょう。

・英文スクリプト

TOEIC公式問題集の「解答・解説編」の英文スクリプトを使います。

超短期集中トレーニングの７ステップ

1. 高速リスニング（1回）

音声を1.2倍速〜1.5倍速にして、集中して聞きます。ただでさえ聞き取れないものを速くしたら余計に聞き取れないと思うかもしれませんが、心配はいりません。「集中して聞こうとすること」に意味がありますので、音楽のように聞き流さずに、内容をつかもうとしながら聞いてください。次の通常リスニングをしたとき、音声がゆっくりに感じられるという効果もあります。

2. 通常リスニング（1回）

通常スピードに戻して、1回集中して聞きます。本番では1回しか音声は聞けませんので、「1回で全部理解するつもりで」聞きましょう。ここでも、全部聞き取れる必要はありませんが、「聞き取ろう」と意識することが大事です。

3. オーバーラッピング（1回）

スクリプトを見ながら、音声を最初から最後まで流して、音声と同時に話していきます。少し遅れてではなく、できるだけ音声と同じスピードで重ねて言えるようにがんばってみてください。難しかったところ、言えなかったところに下線を引きながら、オーバーラッピングしましょう。

4. 難しい部分をポイント練習

オーバーラッピングで下線を引いたところを中心に、集中的に練習します。その部分だけ、AB間再生で音を繰り返し聞いて、真似をしましょう。できるだけ同じスピードでなめらかに言えるように真似をします。また、スクリプトを見ながら、「この言葉がそう聞こえるのか」という単語と音の結びつけをしましょう。もしここで知らない単語に出会ったら、言葉の意味をイメージしながら、何度も音を聞いて、口に出して、繰り返します。ポイント練習はしっかりていねいに、時間をかけてやりましょう（目安は1つの問題で10分以上）。

5. オーバーラッピング（1回）

難しい部分のポイント練習が全部終わってスムーズに言えるようになったら、全体のオーバーラッピングを1回しましょう。スクリプトを見ながら、音声を最初から最後まで流して、同時に話します。できるだけ、何を言っているか意味も考えながらオーバーラッピングしてみましょう。

6. シャドーイング（1回）

今度はスクリプトを見ずに、音声を最初から最後まで流して、音声をそのまま真似して追いかけます。音声の0.5秒後をずっと追いかけていくイメージです。シャドーイングに慣れていない人はなかなかできないかもしれませんが、かなりの集中力が必要な作業ですので、真似をしようと思って聞くだけで、リスニング用の集中力を鍛える訓練にもなります。

7. リスニング（1回）

最後に通常スピードで1回聞きます。最初に聞いたとき（教材を選ぶために聞いたとき）よりもゆっくり感じると思います。しっかり聞き取れて内容が理解できるか、確認しましょう。

注意点として、駆け足のトレーニングではありますが、ポイント練習だけはていねいに繰り返しましょう。また、時間を有効に使うため、オーバーラッピング、シャドーイングは何度も繰り返さず、ある程度できるようになったら次の問題に進んでしまいましょう。1つの問題につき1日～2日かけるイメージです。

超短期集中トレーニングの効果

(1) リスニングの音声の速さに慣れる

このトレーニングをしておくと、本番のリスニングの音声がゆっくりに感じるので、落ち着いてリスニングに取り組むことができます。

(2) 聞き取れない音が聞き取れるようになる

英語が聞き取れない原因はいくつかありますが、そのうち主なものは、「知らない単語である場合」と、「知っている単語だが、音とその言葉が結びつけられない場合」の２つです。

このトレーニングをすると、スクリプトを見ながらのオーバーラッピング、ポイント練習を集中的にするので、このどちらのパターンも集中的に対策ができます。ただし、直前の数日だけでは、触れられる単語にも、結びつけられる音と言葉のパターンにも限りがありますので、これは本当に時間がない人のためのトレーニングと考えてください。

(3) リーディングスピードが上がる

リーディングスピードが元々遅い人は、オーバーラッピングで、速いスピードでなめらかに読む練習をすることで、リーディングスピードが上がります。頭の中でも速く読めるようになるからです。ただ、この効果も一時的なものですので、リーディングスピードを確実に上げていくには、日頃からしっかりリーディングのトレーニングをしましょう。

この超短期集中トレーニングをして無事にTOEIC受験を終えたら、次はしっかり実力を上げていくための３ヶ月のタニケイ式シャドーイングを始めましょう。

CHAPTER

6

第6章

英語を聞き取るために絶対知っておきたい発音のコツ

英語を聞き取るために絶対知っておきたい発音のコツ

ここまでの章を読んで、すでにタニケイ式シャドーイングに取り組んだ方は、リスニングとディクテーションで、自分がどれだけ内容を理解することができて、どこが具体的に聞き取れなかったのか、わかったと思います。また、リピーティング、オーバーラッピング、シャドーイングでは、発音やイントネーションなどを意識的に真似して話すことで、最初のリスニングでは聞き取れなかった部分もクリアに聞こえるようになったのではないでしょうか。タニケイ式シャドーイングは「英語が聞き取れない理由」を、全てのステップを通して解消していくことができるトレーニングなのです。

本章では、何が原因で「英語が聞き取れない」という現象が起こるのか、そしてどのようにしてそれを克服していくことができるのかを、あらためて紹介します。今後、タニケイ式シャドーイングを実践していくなかで、あるいは何か英語の音声を聞いたときに、「聞き取れない」ということは必ず起こります。そういう事態に直面したときに、聞き取れない原因を知っていると、何を意識してトレーニングすればそれが解消できるのかを自分で考えられるようになります。

英語が聞き取れないとき、その理由はいつも同じとは限りません。その時々で、もしくは聞き取れなかった箇所によって、理由は違います。主な理由として考えられるのは「英語らしい音」をつかみきれていないということです。具体的には ①正しい発音を知らない ②英語の音の変化に慣れていない ③英語の音の特徴に慣れていない、の３点です。

英語らしい音をつかむためには、ただ音声を聞き流していても意味がありません。一番効果的なのは、あなた自身が声に出して英語を真似して言ってみることです。自分で正しく言うことができる英語の音は聞き取れます。

ですから、英語が聞き取れない３つの理由をきちんと理解し、自分で言えるようになることが効果的な対処法なのです。

この本は、ネイティブのような完璧な発音ができるようになることを目的としてはいませんが、リスニング力を上げるためにも、英語らしい音の特徴をつかみ、真似できるようになることを目指して、この章を読んでみてください。

聞き取れない理由１「正しい発音を知らない」

ある単語の意味やスペルを知っていたとしても、その正しい発音を知らなければ、音声を聞いたときに、その音と意味がつながらないので、結果的に理解することができません。ですから、発音記号ごと、単語ごとの正しい発音を知ることが大切です。

まずは、ネイティブの発音を聞いてから、実際に真似して言ってみましょう。このとき、必ず音声に集中して、聞こえたとおりに発音しようと意識してください。そうでないと、どうしても自分が思い込んでいる発音で話してしまい、正しい発音が身に付きません。

発音を修正する際に発音記号を知っていると効果的

耳がいい人や、音を真似するのが得意な人は、ネイティブの音声を聞いただけですぐに真似できるかもしれません。でも、多くの人にとって、聞いた音を正確に真似するのは難しいものです。

真似をしてみても何か違うな、と違和感があったとき、その発音を修正していくのに役立つのが発音記号です。発音記号については、中学や高校で簡単に習った方が多いのではないかと思いますが、正確に覚えていますか？

たとえば、次の単語の下線部分はどれも日本語の「ア」に近い発音ですが、実は発音記号は全て異なります。どんな発音記号でしょうか。

(1) apple (2) mother (3) hard (4) about

答えはこちらです。

(1) apple [æpl]　(2) mother [mʌ'ðər]
(3) hard [hɑ:rd]　(4) about [əbáut]

「ア」に近い音は、英語では [æ]、[ɑ]、[ʌ]、[ə] など、いくつかあり、それぞれ発音の仕方が違います。

[æ] ：「ア」と「エ」の中間のような発音
[ɑ] ：口を大きく開けて「ア」と発音
[ʌ] ：口はそれほど大きく開けず、喉の奥から鋭く発音
[ə] ：口を小さめに開けて、口の周りをリラックスさせて発音

発音記号は、正しい英語の発音を身に付けるために、とても役立つものです。発音記号ごとの発音の仕方を覚えておくと、自分で発音に違和感を覚えたときに、発音記号をチェックして、「この発音記号ならこう発音すればいいのだ」と、修正していくことができます。

発音記号ごとの発音の仕方については、次ページの発音記号一覧表を活用してください。発音記号ごとの発音のコツを簡単に書いていますので、忘れてしまったときにもぜひこの一覧表を見て思い出しましょう。大きな枠でひとかたまりにしている発音記号は、似たような発音のものなので、違いを比べながら一緒に練習するのがおすすめです。

もっと詳しく発音記号ごとの発音の仕方を確認したい人は、『DVD&CDでマスター 英語の発音が正しくなる本』（ナツメ社）などを使いましょう。

発音記号一覧表　母音 18 音　[Vowels]

▼アに近い音のグループ

- æ　アとエの間
- ʌ　口を小さく開けて短く「アッ」
- ɑ　口を大きく開けて「ア」　→
- ɑː　伸ばす

▼あいまい母音グループ

- ə　力を抜いて「ァ」　→
- ɚ　舌先丸めながら　→
- ɚː　長めに伸ばす

▼イに近い音のグループ

- 短母音　ɪ　「エ」の口で「イ」
- 長母音　iː　唇を左右に引いて「イー」

▼ウに近い音のグループ

- 短母音　ʊ　唇を丸めて短く「ウ」
- 長母音　uː　唇を突き出して「ウー」

- e　はっきり「エ」
- ɔː　口を大きく縦に開けてのどの奥から「オー」

▼二重母音グループ

- aɪ　アぃ
- aʊ　アぅ
- eɪ　エぃ
- ɔɪ　オぃ
- oʊ　オぅ　最後唇すぼめる

発音記号一覧表　子音 24 音　[Consonants]

- 無声音　p　プッ（息）／有声音　b　ブッ（声）
- 無声音　θ　スッ（息）／有声音　ð　ズッ（声）　舌を上下の歯で挟みながら
- l　舌先を上歯ぐきにしっかりつけて離すときに「ル」
- r　舌先を丸めて「ル」と「ウ」の間
- 無声音　t　トゥッ（息）／有声音　d　ドゥッ（声）
- 無声音　ʃ　シッ（息）／有声音　ʒ　ジッ（声）
- 無声音　k　クッ（息）／有声音　g　グッ（声）
- 無声音　tʃ　チッ（息）／有声音　dʒ　ヂッ（声）
- 無声音　s　スッ（息）／有声音　z　ズッ（声）
- 無声音　f　フッ（息）／有声音　v　ヴッ（声）　上の歯を下唇に軽くあてる

▼鼻から息を出すグループ

- m　鼻からム
- n　鼻からヌ
- ŋ　鼻からング

- h　のどからハッ
- w　唇をすぼめて「ゥワッ」と急いで戻す
- j　ヤ・ユ・ヨの子音「ギ」の口の形で「イ」

LとRの違いよりもっと重要な発音のクセ

私たち日本人の多くは、LとRの使い分けが難しい、と言ってしきりに舌の位置を意識しながらこの2つを練習します。もちろんLとRの発音の違いも大事なのですが、それよりももっと目立つ、日本人特有の発音のクセがあることをご存知ですか?

それは、子音で終わる単語なのに、子音の後に存在しない母音を入れてしまうというものです。hardを「ハー**ド**」、workを「ワー**ク**」、partを「パー**ト**」とカタカナのように発音してしまうのがその典型的な例です。

このような間違った発音で認識していると、ネイティブの発音を聞いたときに、その音と意味を一致させることが難しくなってしまいます。ちなみに、日本人がこのような発音をしてしまうのは、日本語は基本的に話す音に必ず母音が入っており、子音だけで終わる言葉がないからです。人は、自分になじみのない音を、無意識に知っている音に変換してしまうクセがあります。自分にとってなじみのある音に換えてインプットすると落ち着くので、つい最後に母音をつけて日本語のような音に変換してしまうのです。

また、ハード、ワーク、パートなどは、外来語としてカタカナでも表記される言葉なので、英語を発音するときにも、そのままカタカナ発音で話してしまいやすいものです。こうした外来語になっている言葉は特に注意が必要です。元々の英語の発音はどういうものなのか、必ず確認するようにしましょう。

子音で終わる単語を以下にいくつか並べてみました。語尾に母音を入れないように気を付けて発音してみてください。

of [əv]	**good** [gˈʊd]	**great** [gréɪt]
some [səm]	**still** [stíl]	**fresh** [fréʃ]
place [pléɪs]	**hope** [hóʊp]	**please** [plíːz]

＊ some,place,hope,please の 4 つは、スペルとしては「e」で終わりますが、発音には含まれないため、子音で終わっている単語となります。

発音し終えた後に、「ウ」や「オ」といった音が耳に残っていたら、母音を入れてしまっている証拠ですので、注意して子音で言い終える練習をしてみましょう。子音で言い終えるのが難しければ、発音を聞けるオンライン辞書（Weblio、goo 辞書など）を使って、このような子音で終わる単語の発音を聞き、真似して練習しましょう。

聞き取れない理由2「英語の音の変化に慣れていない」

音声は聞き取れなかったけれど、英文のスクリプトを見たら、意味も発音も知っている単語ばかりだった、ということもありますね。この場合、考えられる一番の理由は、単語と単語がつながって音が変化したために違う言葉に聞こえた、というものです。

英語は、単語ごとではなく意味のかたまりごとにつなげて話されます。単語と単語がつながるとき、いくつかのパターンでは音の変化が起こります。この変化に慣れていないと、全く違う単語のように聞こえてしまい、元の単語のつながりを想像することができないために、聞き取れなくなります。そして、この変化に慣れるためには、ネイティブの発音を聞いて、自分も口に出して練習し、音の変化を瞬間的にとらえられるようになることが効果的です。

たとえば、**What are you doing here?** という英文は1単語ずつ区切って読むと「ワット・アー・ユー・ドゥーイング・ヒヤ」のようになりますが、ネイティブの人たちがこのように区切って発音することはほとんどありません。彼らは、この英文を1つの意味のかたまりでとらえているので、単語と単語を自然につなげて「ワラユドゥーインヒヤ」のように発音します。

このように意味のかたまりごとにつなげて話された場合、単語と単語がつながって違う音に聞こえたり、音が省略されたりするのです。上の例でも「ワット・アー・ユー」が「ワラユ」になったり、「ドゥーイング・ヒヤ」が「ドゥーインヒヤ」になったりします。これが音の変化です。

一般的に、こうした単語と単語のつながる部分の音の変化を「リンキング」と呼びます。先ほど、正しい発音を知ることが大切だと言いましたが、英語は文章になると意味のかたまりごとにつなげて話されるため、実際にリスニングをするときには、単語ごとの発音を知るだけでは不十分なのです。そこで重要なのが、単語と単語がつながったときの「音の変化」のパターンに慣れていくことです。

このような音の変化は、日本語にはあまり見られない現象なので、聞き取れるようになるには慣れが必要です。「単語ごとの正しい発音を知るだけでも大変なのに」という声も聞こえてきそうですが、音の変化には、いくつかの主なパターンがあるので、それさえ慣れてしまえば、ぐっと聞き取りやすくなります。特に、以下の３つのパターンは頻繁に起こるものですので、自分でも口に出して練習し、慣れておきましょう。

・**パターン１：子音と母音がつながって、１つの音に聞こえる**
　例）in a を「イナ」のように発音する

・**パターン２：子音が続くとき、前の子音が省略される**
　例）hot day の t を発音しない（ハッデイのような発音になる）

・**パターン３：子音と y [j] がつながって、子音の音が変わる**
　例）can you を「キャニュー」のように発音する

それぞれのパターンについて、音の変化が起こっている例をいくつか紹介していきます。しかし、全ての例を暗記しなければならないというものではありません。暗記できたとしても、理屈で考えていると間に合いませんので、耳で聞いて、声に出して真似しながら、自然と慣れていきましょう。

パターン1：子音と母音がつながって、1つの音に聞こえる

1つ目の単語が子音で終わり、2つ目の単語が母音で始まるとき、子音と母音がくっついて、1つの音になります。

次の英文をスムーズに読んでみてください。

Can you bring it back tomorrow?

bring it [bríŋ ít] の部分に注目すると、2つの単語がくっついて「ブリンギッ」のような発音になります。「ブリング・イット」とは言いません。

ほかにも、子音と母音がつながる例をいくつかあげてみます。下線部のつながりに注意して発音してみましょう。わかりやすいようにカタカナで書きますが、子音で終わる音は母音を入れないように気を付けるなど、できるだけ英語らしく発音してください。

an option	アナプション（×アン・オプション）
put up	プラップ（×プット・アップ）
tell us	テラス（×テル・アス）
turn off	ターノフ（×ターン・オフ）
can't ask	キャンタスク（×キャント・アスク）
going on	ゴーイノン（×ゴーイング・オン）
believe in	ビリーヴィン（×ビリーヴ・イン）

パターン２：子音が続くとき、前の子音が省略される

１つ目の単語の最後の子音が、t、d、k などの破裂音（空気が破裂する音）で、次の単語が子音で始まる場合には、前の単語の最後の子音は発音しません。この子音をはっきり発音しようとすると、次の単語に移るのに時間がかかってしまい、スムーズに言えなくなってしまうからです。

もう１度、次の英文をスムーズに読んでみましょう。

Can you bring it back tomorrow?

今度は、back tomorrow [bˈæk tʊmάroʊ] の部分に注目します。back の k の音はほとんど聞こえない程度に「バッ　トゥマロゥ」と発音してみましょう。このように前の子音を省略することでスムーズに読むことができます。

ほかにも、子音と子音が続く例をいくつかあげてみます。下線部のつながりに気を付けて発音してみましょう。

hot day　ハッデイ（×ホット・デイ）
good job　グッジョブ（×グッド・ジョブ）
eat chocolate　イーチョクレィト（×イート・チョコレイト）
don't need　ドンニードゥ（×ドント・ニード）

よく英文に出てくる that、it、good などの単語も、続く単語が子音で始まる場合には、最後の子音を発音しないように気を付けてみてくださいね。

パターン3：子音とyがつながって、子音の音が変わる

1つ目の単語が子音で終わり、2つ目の単語がyで始まるときは、子音とyをスムーズにつなげて発音します。そのときは、yの影響を受けて子音の音が変化します。

次の英文をまたスムーズに読んでみましょう。

Can you bring it back tomorrow?

今回は最初の Can you [kæ'n jʊ] の部分に注目します。2つの単語がくっついて、「キャニュー」のような発音になります。

ほかにも、子音の後にyから始まる単語が続く例文をいくつかあげてみます。下線部のつながりを意識して発音してみましょう。

Would you mind if I smoke?	**ウッジュー（×ウッドゥ・ユー）**
Have you ever been to Italy?	**ハヴュー（×ハヴ・ユー）**
Bring your laptop.	**ブリンギュア（×ブリング・ユア）**
As you like.	**アジュー（×アズ・ユー）**

＊2文目の最初のHaveは、スペルとしては「e」で終わりますが、発音には含まれないため、子音で終わっている単語となります。

以下のようなケースは、t+y でパターン２にもあたるので、t を落として発音することもあります。どちらの言い方も間違いではありませんので、両方の言い方に慣れておくといいでしょう。

Why <u>don't you</u> come to the party?

(1) t を省略して発音した場合　**ドンユー**
(2) t+y をつなげて発音した場合　**ドンチュー**

以上、単語と単語がつながって音の変化が起こる３つのパターンを紹介しました。繰り返しになりますが、全てのパターンを暗記する必要はありません。ただ、このような音の変化が起こることを意識して英語を聞き、自分で声に出してみることで、音の変化に慣れて、聞き取れるようになっていきます。

聞き取れない理由3「英語の音の特徴に慣れていない」

ここで「英語の音の特徴」と呼んでいるのは、イントネーション・アクセント・リズム・スピードのことです。イントネーションは音の抑揚、アクセントは音の強弱のことを指します。リズムは英語を話すうえでの間の置き方や話のテンポなど、スピードは話すときの緩急の付け方です。こうした英語の音の特徴の中でも、特にイントネーションとアクセントは、リスニングをするときの重要な要素になります。

では、イントネーションとアクセントはどうしてリスニングをするうえで重要なのでしょうか。1つは、イントネーションとアクセントに慣れることで、英語がぐっと聞き取りやすくなるからです。

もう1つは、イントネーションとアクセントは話し手の感情や意図を示しているので、それをきちんと聞き取れるかどうかで、得られる情報量が変わってくるからです。では、それぞれ詳しく見ていきましょう。

イントネーションとアクセントに慣れるとぐっと聞き取りやすくなる

日本語は基本的にフラットな話し方をする言語なので、イントネーションとアクセントの重要性を実感しにくいかもしれません。しかし、イントネーションとアクセントを付けるだけで、ぐっと英語らしく話せるようになるのです。

外国の方がよく「コンニ〜チワ!!」と、強いイントネーションとアクセント付きの日本語を話すことがありますよね。英語は1文の中ではもちろんのこと、1単語の中でさえ、イントネーションとアクセントが付く言語なのです。

イントネーションとアクセントに慣れることで、リスニングをする際の姿勢が変わってきます。たとえば、強く発音される単語はどういうものが多いのか、反対に弱く発音される単語にはどういうものがあるのかを知っていると、どこに注力して聞けばいいのかがわかります。

一般的には、内容を伝えるうえで重要な意味をもつ名詞や動詞は強く発音されることが多く、文法を組み立てるために機能上必要な単語である助動詞、前置詞、冠詞、関係代名詞などは弱く発音されます。ですから、弱く発音される部分が聞き取れなくても話の流れを理解できることは多いのです。

このようなアクセントの仕組みを知っていれば、たとえ弱く発音された部分を聞き逃しても、動揺せずに集中して聞き続けることができます。しかし、この仕組みを知らないと、弱い部分を聞き取れなかったことに動揺して、次の単語も聞き逃してしまう可能性があります。

決して、弱く発音される部分は聞き取れなくてもいい、と言っているわけではなく、アクセントのある話し方に慣れることで、リスニングのコツを自然と身に付けることができるようになる、ということです。さらに、弱く発音される場合にどのような音で聞こえるのかを意識して聞くようにすると、弱い部分の発音の聞き取りも得意になっていきます。

イントネーションは、アクセントの強いときに上がり、弱いときに下がることが多いのですが、必ずしもアクセントと100％連動するわけではありません。また、語尾の上がり下がりの変化も特徴的です。もちろん日本語を話すときにも、ある程度抑揚を付けることはありますが、英語の場合には、その頻度が多く、抑揚の幅も大きいので、こうしたイントネーションの変化に慣れていないと、その変化自体に圧倒されてしまい、聞き取りづらくなります。また、文章がまだ終わっていないときや言いたいことが続くときに、文末の単語の語尾を上げることが多くありますが、それに慣れていないと疑問文かと思ってしまうこともあるでしょう。そうしたイントネーションへの慣れも、リスニングの大きな助けになります。

タニケイ式シャドーイングで練習するときには、少し大げさかな、と思うくらいアクセントとイントネーションを付けて話してみましょう。特にステップ５のリピーティングでは、実際にアクセントとイントネーションの特徴を書き入れたり、手を使って音の高低を表しながら練習したりすると、音の特徴をとらえやすくなります。忠実に音声を真似することで、自然なアクセントとイントネーションを身に付けていきましょう。

イントネーションやアクセントは話し手の感情や意図を示している

前述のイントネーションとアクセントを付けることで、英語の話し手は、自分の感情を表現したり、強調したい部分を相手に伝えることができます。こうした話し手のニュアンスの違いを聞き取れることは、能動的にリスニングしていくうえでとても重要です。

難しいことのように聞こえるかもしれませんが、これは日本語ではほとんど無意識にやっていることなのです。

たとえば、次の英文を読み上げてみましょう。

Why didn't you attend the meeting yesterday?

もし、Whyを高めの音で強いアクセントを付けて発音し、yesterdayの語尾を下げて発音すると、会議に出席しなかったことを責めているように聞こえます。一方、Whyにアクセントを付けず、yesterdayの語尾を上げて発音すると、今度は会議に出席しなかったことを心配しているように聞こえます。

一般的に、5W1H（What、When、Where、Who、Why、How）から始まる疑問文は語尾を下げますが、このようにイントネーションの付け方によってニュアンスも変化するのです。

次の英文はどうでしょうか。声に出して読んでみましょう。

It's my smart phone.

どの単語にアクセントを付けるかでニュアンスの変わる１文です。myにアクセントを付けると、「あれは誰のスマートフォン？」と聞かれて「私のですよ」と答えているように聞こえます。smart phoneにアクセントを付けると「あれは何？」と聞かれて、「スマートフォンですよ」と答えているように聞こえます。つまり、アクセントを付けて強調している部分が、話し手が一番伝えたいと思っている重要な部分だということです。

このように、イントネーションとアクセントに慣れているかどうかで、話し手の意図をくみとれるかどうかが変わってきます。リスニングをするうえでは、話し手の言おうとしていることをくみとれたほうが有利なのは明らかです。少しでもリスニングの負担を減らすためにも、英語の音の特徴、特にイントネーションとアクセントに慣れて、能動的に聞く力を伸ばしていきましょう。

以上、英語が聞き取れない理由を３つあげて、それぞれを詳しく説明してきましたが、ほかにも、たとえば国によって話し方が違い、それが原因で聞き取りにくくなる場合もあります。

同じ英語でも、イギリス英語とアメリカ英語は違いますし、ノンネイティブの話す英語は母国語の影響を受けて、聞き取りづらい英語になることがあります。また、人によっても話し方が違うので、同じアメリカ人でもＡさんの英語は聞き取りやすいがＢさんの英語は聞き取りにくい、ということもあるでしょう。こうした話し方のクセというのも、イントネーションやアクセントと同じように、音の特徴の１つととらえて、慣れていくことで対処することができます。

ですから、タニケイ式シャドーイングを実施するときには、自分が聞き取れるようになりたいと思う国の人や、この人の英語が聞き取れるようになりたいと思う人の音声を使うことをおすすめします。そうすることで、その特徴を持つ英語の音声を聞き取れる耳ができていくのです。

そのほかにも、英語が聞き取れない理由として、出てくる単語を知らなかったり、音声のスピードが速すぎて頭の中で情報処理が追いつかなかったりすることもあげられます。

知らない単語が聞き取れないのは当たり前ですので、単語は意識して覚えていきましょう（効果的な単語の暗記方法については**第7章**参照）。

また、情報処理が追いつかないというのは、実は自分の中にどれだけその英語が定着しているかが関係しています。よく「音声のスピードが速い」とか、「英語から日本語に訳してしまって間に合わない」という声を聞きますが、それは、自分の中にしっかりと定着していない英語を聞いているため、瞬時に意味が理解できない状態なのです。

リスニングに必要な定着度とは、「読んで考えれば意味がわかる」というようなレベルではなく、「聞いた瞬間に考えなくても意味がわかる」レベルです。たとえば、**Thank you very much.** という英文なら、多少速いスピードで言われても聞き取れますし、考えなくても意味がわかりますよね。それは、あなたの中に **Thank you very much.** という表現が、音と意味とが一体になって、しっかり定着しているからです。このように、できるだけ多くの単語やフレーズを定着させていくと、英語を聞き取るのがぐんと楽になります。

英語が聞き取れない3つの主な理由、①正しい発音を知らない ②英語の音の変化に慣れていない ③英語の音の特徴に慣れていない、を解消するためには、一定期間しっかりと意識してトレーニングをしていくことが必要です。英語は、毎日私たちが使っている日本語とは違う特徴を持つものだからです。

ただ英語を聞き流すのではなく、このように聞き取れない原因を把握し、意識しながらトレーニングをすることで、効果的にリスニング力を伸ばすことができます。たくさんの英語の音を使って、しっかりトレーニングをして、英語の発音や音の変化、音の特徴に慣れていきましょう。

3ステップのタニケイ式発音トレーニング

英語の発音を改善したいと考えている方は、ぜひ3ステップのタニケイ式発音トレーニングに取り組んでみましょう。

ステップ1　リピーティング（少しずつ音声を聞いて真似する）
ステップ2　オーバーラッピング（音声と同時に話す）
ステップ3　シャドーイング（音声を聞いて後を追いかける）

1日10分、1センテンスの発音トレーニング

リスニング力アップのためのタニケイ式シャドーイングは1つの教材につき、1日30分×7日間かけることを目安としていましたが、タニケイ式発音トレーニングの場合には1日10分、1センテンスの短いものを使って、毎日違う文を練習していきます。

発音トレーニングの教材の選び方

10秒未満の短いセンテンスを選び、ていねいに発音に意識を向けて練習しましょう。そんなに短いものでいいの？　と思われるかもしれませんが、毎日違うセンテンスを選ぶことで、さまざまな発音を練習することができます。

発音改善のためのシャドーイングトレーニングに使った英文は、とても英語らしい発音で言えるようになりますので、できるだけ自分が使いそうな英文を教材にするのがおすすめです。

TOEICのPart 1やPart 2の文章を使ってもいいですし、NHKの**ゴガクル**（http://gogakuru.com/english）という、さまざまなジャンルの短い英語フレーズを集めたサイトも、音声と和訳付きで便利です。

リスニング力アップのためのタニケイ式シャドーイングと同じ教材を同時並行で使いたくなるかもしれませんが、重点的にトレーニングする部分や、意識の向け方、トレーニングを続ける期間などが違いますので、全く同じものを同時に使うのはおすすめしません。

リピーティングが最も重要

リスニング力アップのためのタニケイ式シャドーイングでは、リピーティングを終える目安を、「全部のセンテンスやフレーズを引っかからずにスムーズに言えて、聞いた音声とほぼ同じように言えていると思えること」としていました。しかし、発音改善をするためには、発音が正確に真似できるようになるまで、リピーティングを繰り返す必要があります。

音声を何度も聞きながら、音の特徴をスクリプトに書き込み、ていねいに真似をしましょう。次のオーバーラッピング以降は音声と重ねて声を出していくトレーニングなので、音声の発音と自分の発音をしっかり比較するのが難しくなります。

特に、発音記号ごと、単語ごとの発音に関しては音声をよく聞いて、違和感なく真似できるようになるまで何度も練習してください。

シャドーイングは100％発音を真似できるまで

私はリスニング力アップを目的としている場合のシャドーイングの卒業の目安を80％シャドーイング、発音改善を目的としている場合を100％シャドーイングと呼んでいます。リスニング力アップのためなら発音は80％程度、つまりだいたい真似できていればいいのですが、発音を改善するなら音声の発音を100％真似できるまで練習しましょう。

自分の発音を録音しよう

「音声の発音を100％真似できるまで」といっても、自分と音声の発音を聞き比べて、100％真似できているかを判断するのは難しいと思います。そこで、発音改善を目的としてシャドーイングをする場合には、必ず自分の発音を録音してください。録音したものを客観的に聞くと違いに気付きやすくなります。

その場合、オリジナルの音声はイヤホンで聞いて、スマートフォンの録音アプリなどを使って自分のシャドーイングしている声だけを録音します。そして、オリジナルの音声と聞き比べるのです。それでも違いがよくわからない方は友人や家族などに聞いてもらうのもいいでしょう。大事なのは、自分の発音を客観的に聞いて音声と比べ、違和感がある部分を修正していくことです。

発音トレーニングの卒業の目安

基本は毎日違うセンテンスを選んでいいのですが、もし違和感が残っているようでしたら、次の日も同じセンテンスを使って練習しましょう。できるだけ同じ発音で言えるようになってから次のセンテンスに移るほうが、発音改善の効果は高くなります。

CHAPTER

7

第7章

短期集中&効果的な方法で単語を覚えよう

短期集中&効果的な方法で単語を覚えよう

本章では、リスニング力アップに欠かせない単語力を上げる方法を紹介します。もちろん、タニケイ式シャドーイングを実践するだけでも、使った教材に出てきた単語をしっかりと定着させることはできます。ただ、トレーニングに使った教材に出てくる単語を覚えるだけでは、単語力の伸びは十分とはいえません。リスニング力、英語力をどんどん上げていこうと思ったら、別途、単語を意識して覚えていくことが必要です。

知らない単語は聞き取れない

第1章で、英語学習の全体像を「文法」「トレーニング」「コミュニケーション」「単語」の4つに分けて説明しましたが、そのうちの「単語」は、どのレベルになっても、それぞれの段階に応じてインプットし続ける必要があるものです。では、なぜ単語力が必要なのでしょうか。

たとえば、本書ではリスニング力を伸ばすための効果的なトレーニングであるシャドーイングをおすすめしていますが、聞いた英語の中に知らない単語があったら、いくらシャドーイングができるようになっても、やはり意味はわからないままです。リスニングのときには辞書を引く時間もありません。

また、英語を読むときにも、わからない単語があると、文全体の意味がわからずにつまずいたり、誤解してしまうかもしれません。多少単語がわからなくても前後の文脈から意味を推測できることもありますが、知らない単語が1文に2個も3個もあると、推測も難しくなるでしょう。辞書を引きながら読むのも時間がかかりますし、何度も辞書を引いているうちに、何の話だったかわからなくなってしまうかもしれません。

単語がわかり、基本的な文法がわかること、この土台があって初めて、英語を理解することができるのです。あとは、トレーニングや実際のコミュニケーションによって、単語や表現の定着度を上げ、理解できるスピードを上げて、スムーズに使いこなせるようにしていけばいいのです。

ネイティブとの単語力の差

ネイティブの単語力と私たち日本人の単語力とは、どの程度違うのでしょうか。日本人が中学・高校で習う英単語は、学習指導要領の改訂による差はありますが、2,200語～4,600語。難易度の高い大学の入試で出題されるレベルは6,000語～7,000語程度。英検1級では10,000語～15,000語程度が必要と言われます。こうした数字から判断して、比較的しっかり英語を学習してきた人でも、単語力は5,000語前後ではないかと思います。TOEIC高得点者でも10,000語の単語力を持っている人は少ないでしょう。

それに比べて、ネイティブの単語力はどうでしょうか。2016年のある調査によると、20歳のネイティブスピーカーのアメリカ人は平均で42,000語を知っていたとのことです。そのうち、下位5%は27,000語、上位5%は52,000語の単語力がありました。また、2013年のTestYourVocabという単語力チェックサイトの集計では、ほとんどの大人のネイティブスピーカーの単語力は20,000語～35,000語の範囲に入る、とのことでした。多少のずれはありますが、この2つのデータを考慮すると、ネイティブは少ない人でも20,000語、多い人では50,000語以上の単語力を持っていると考えていいでしょう。

そうなると、私たち日本人の5,000語前後の単語力と、ネイティブの20,000語～50,000語の単語力には大きな差があります。『TIME』や『Newsweek』といった教養雑誌が難しく感じるのはもちろんのこと、ネイティブの子どもでも読めるような児童文学も、読んでみるとわからない単語がたくさん出てきます。それはひとえに、こうした単語力の差が大きく影響しているのです。

この単語力の差を埋めるにはどうしたらいいのでしょう。その答えは、当たり前のようですが、語彙を増やしていくことです。毎日リーディングをしたり、リスニングをしたりしながら、少しずつ語彙を増やしていくという方法もありますが、それよりもおすすめの効果的な方法があります。

ボキャビルのすすめ

単語力を強化する方法としておすすめなのは、期間を決めて「ボキャビル」を実施することです。ボキャビルとはボキャブラリー・ビルディングの略、つまり単語力構築のことです。たとえば、「今月はボキャビル月間」と決めて1,000語を目標に覚える、といったやり方がおすすめです。
1ヶ月おきにボキャビル月間にしても構いませんし、3ヶ月に1回とか、半年に1回でも構いません。自分の今の単語力レベルと目指す単語力レベルの差や、英語力を上げていく緊急度から判断して決めましょう。

なぜこのように期間を区切るやり方がおすすめなのかというと、単語暗記は基本的には単調な作業で、終わりが見えないとやる気がなくなりやすいからです。また、だらだらとやり続けるよりも、期限を設けることで、メリハリをつけて集中してがんばることができます。「今月1,000個覚えられたら勝ち」というゲームだと思って取り組むといいですね。もちろん、800個しか覚えられなかったとしても、その覚えた800個の単語は必ず役立ちます。もし100個、200個しか覚えられなかったとしても、何もしないよりもずっと、英語力強化につながります。

とにかく、ボキャビル月間を定期的に繰り返すことで、階段を１段ずつ登っていくように、単語力のレベルをだんだんと上げていくのです。そして、そのボキャビル月間の合間の期間にコミュニケーションを実践して、単語力の向上を実感することもできます。

注意点として、無謀な目標を立ててしまうと、それに圧倒されてやる気をなくしてしまう可能性が高いので、ある程度自分の限界を知って、それを超えないラインの目標を立てるのがおすすめです。とはいえ、最初から限界を知るのは難しいでしょうから、まずはボキャビル月間を決めて、だいたいで構いませんので、目標を立てて始めていきましょう。途中で無理な目標だと気付いたら、目標自体を修正すればいいのです。

単語力強化はどんな目標を持つ人にも、どんなレベルの人にもおすすめしたいことですが、特に普段から単語力がネックになって英語がスムーズに読めない、聞けないと感じている人は、定期的に単語力強化をしましょう。

英語学習が習慣になっている人ほど、単語力強化の効果を実感しやすいので、ボキャビルを始める前に、どのくらい自分が読んだり聞いたりできているのかを確認する意味で、好きなもののリーディングやリスニングをしておくのがおすすめです。そして、ボキャビル月間を終えた後に、同じような題材でリーディングやリスニングをしてみると、おそらく「前よりも読める、聞ける」という実感が出てくるはずです。

単語暗記はこうやって進めていこう

「単語を覚える」といっても、それにはいくつかの段階があります。まずは以下の4つの段階を考えて、(1)から(4)に向かって単語暗記のレベルを上げていきましょう。

(1) その単語を見てわかる
(2) その単語を聞いてわかる
(3) その単語を書ける
(4) その単語を話せる

(1)の「見てわかる」と(2)の「聞いてわかる」はできるだけ同時に達成したいものです。スペル・音・意味の3つをセットで正しく覚えることができれば、「見てわかる」「聞いてわかる」状態になります。覚えるときにはおそらく頭の中で発音したり、実際に口に出して発音したりして覚える人が多いと思います。そのときに自分の思い込みの発音で覚えてしまうと、あとから正しい発音に直すのが大変です。二度手間にならないように、最初から正しい発音で覚えてしまいましょう。

また、意味が複数ある単語の場合、欲張っていっぺんに複数の意味を覚えようとすると覚えにくいものです。まずは一番よく使われそうな意味を1つだけ覚えて、その後でそれ以外の意味を覚えるようにしましょう。

よほど記憶力のいい人でない限り、覚えたい単語を１回見ただけで覚えられる人はいません。基本的に単語暗記には、繰り返しが効果を発揮するということを覚えておいてください。人は一度何かを覚えても、そのままでは忘れてしまうものですが、忘れかけた頃に復習をすると、効果的に記憶に定着させていくことができるのです。ですから、単語も一度で覚えようとせず、少し間を空けて何度か復習しながら定着させていきましょう。

とはいえ、単語を暗記するために効果的な方法を使うことができると覚えやすくなります。ボキャビルのゲームにおける自分の武器として、ぜひ次に紹介する効果的な方法を身に付けましょう。

単語を暗記するための10個の方法

単語の覚え方はいろいろあります。基本的にはさまざまな知覚を使って印象づけていくのですが、人によって得意な覚え方は違います。それは、人によって得意とする知能や、優位な知覚が違うからだと考えられます。

たとえば、目で見るより音で聞くほうが印象に残る人、言葉で考えるよりイメージで考えるほうが得意な人などがいます。あなたはどんなタイプでしょうか。これまでの暗記ものの覚え方や、いつも人の名前などを覚えるときにどのような覚え方をしているかを思い出すと、タイプがわかるかもしれません。

また、単語によっても、どの方法を使うと効果的に覚えられるかが変わります。ですので、自分なりの得意な暗記方法をいくつか知っておくこと、それを単語に応じて使い分けることが大事になります。自分が得意だと思っている覚え方以外にも、実は覚えやすい方法がある場合もありますので、ぜひ色々な方法を試してみてください。そして、まずはこの方法を使って覚える、それでも覚えられなければ次はこの方法を使う、といった優先順位を決めていきましょう。

誰でも使いやすい方法として、次のような、基本の10個の暗記方法があります。

1. 目で見る
2. 紙に書く / タイプする
3. 口に出す
4. 音で聞く
5. 意味をイメージする
6. 絵を見る
7. 語呂合わせをする
8. 接頭辞、語源、接尾辞で覚える
9. 例文を作る
10. 絵を描く

目で見る、紙に書く、口に出す、音で聞く、といった方法は使っている人が多いと思いますが、意味をイメージしながら覚えたり、その単語のイメージに合う絵を見つけて、単語と結びつけるようにしながら覚えるのも効果的です。イメージするのが得意な方は自分でイメージし、得意でない方はgoogle画像検索を使って絵や写真を探してみましょう。

また、語呂合わせも少し時間はかかりますが、強力な方法です。特に最近観た映画や読んだ本のストーリーと絡めたり、自分の周りの人を登場させたりしながら語呂合わせを作ると、印象が強まって思い出しやすくなります。語呂合わせは自分にだけわかれば大丈夫です。ユニークなものほど印象に残りやすいので、「人に言うのはちょっと恥ずかしい」と思うくらい、おかしなものを考えてみてください。

ロジカルに覚えるタイプの人には、接頭辞、語源、接尾辞などで覚えるのもおすすめです。Weblioなどの辞書には語源が書かれていることが多いので、確認してみましょう。ただ、単語によっては、語源などで覚えにくいものもあるので、適したものだけこの方法で覚えるようにしましょう。

例文を作ったり、絵を描いたりするのも、時間はかかりますが、しっかりと印象に残って単語を思い出しやすくなります。辞書でその単語の使われ方を確認しながら例文を作ると、実践で使えるレベルに近い状態で単語をインプットできるのでおすすめです。

1つの覚え方だけではなく、たとえば「目で見ながら口に出す」「イメージしながら書く」というように、合わせ技で覚えることで印象に残りやすくなることもあります。ぜひ、さまざまな覚え方を試して、自分の得意な暗記パターンを見つけましょう。

単語を覚え始める前にやっておくべき準備

単語を覚え始める前にやっておくべきこととして、次の3つがあります。

(1) 覚える対象の単語を決める

できれば、自分が覚えたい単語だけをgoogleスプレッドシートやExcelに入力してリスト化することをおすすめします。特にgoogleスプレッドシートを使うと、スマートフォンなどを使っていつでもどこでも単語を見直すことができますので、効率的に時間を使うことができます。市販の単語帳を使う場合には、元々知っている単語を除いて、知らない単語だけを暗記する必要がありますので、まずは覚えたい単語がどれか、瞬間的に見てわかる状態にするという準備が必要です。マーカーを使ってもいいですし、知っている単語には二重線を引いて目に入らないようにする、というのもいいでしょう。また、複数の意味がある単語なら、どの意味を覚えるのかを決めましょう。複数の意味をいっぺんに覚えるよりも、1つずつ覚えていくほうが集中して効率的に覚えることができます。

(2) いつまでに何個覚えるのか期限を決める

1ヶ月で1,000単語など、少しチャレンジングな目標を設定してみましょう。1,000単語覚えられないこともあると思いますが、目標は高く持つことが大事です。その目標の8割でも覚えられれば、1ヶ月で800単語も覚えられることになります。瞬時に意味がわかる単語が800単語も増えたら、英語力が格段に上がることは間違いありません。また、期限を決めずにだらだら暗記をしていると、モチベーションが保ちにくくなります。期限を設定することで、締め切りに間に合うようにがんばる「締め切り効果」が生まれ、集中して暗記をすることができるのです。ただし、単語暗記が毎日の習慣になって、特に嫌にもならなければ、ずっと続けても構いません。

(3) 単語暗記の予定・進め方を決める

1日のうちで、どんな時間を単語暗記に使うのかを決めておきましょう。通勤中の往復1時間、昼休みの10分、就寝前の10分など、だいたいで構いませんので、決めておくと続けやすくなります。また、自分なりの進め方も決めておくといいでしょう。たとえば、1日あたり100個の単語を見て、そのうち7割をその日に印象づける、覚えていないものは毎日復習をして1週間以内に8割を定着させる、などです。このように予定を決めておけば、何をするか迷わずに単語暗記を進めていくことができます。

アプリを活用して効率的に覚えよう

市販の単語帳を使ったり、自分で紙の単語帳を作って覚えてもいいのですが、スマートフォンで使える単語帳アプリを活用することで、効率的に覚えることができます。特にAnkiDroid、Quizlet、WordHolic!などの単語帳アプリでは、自作のオリジナル単語帳をインポートして使うことができますので、ぜひ活用しましょう。音声読み上げ機能もありますので、発音を聞きながら覚えることができます。スマートフォンで使えるので、通勤中や待ち時間など、ちょっとした時間も単語暗記の時間に変えられます。

ひょっとして単語を覚えなくても英語力を上げていけるのではは、と思っていたあなた。英語力を上げるために単語力は必須です。最初は単調でつまらなく感じるかもしれませんが、ボキャビルで覚えた単語に実際に出会って意味がわかったときの喜びを味わうたびに、単語の重要性とボキャビルの効果を感じられるはずです。今日からぜひ、ボキャビルを始めましょう。

COLUMN 3

大人のためのやり直し英文法

あなたは英文法にどのようなイメージを持っていますか？ 少しでも苦手意識があったり、忘れていることがあるかもしれないと思う場合には、ぜひこのコラムを参考にしてください。リスニングは苦手だけれど文法は完璧、と自信を持って言える方は、このコラムを読む必要はありません。

第1章でも説明しましたが、文法とは英語の基本ルールであり、英語学習の土台となるものです。土台がない状態で英語を書いたり話したりするのは、明らかに遠回りな学習方法です。もちろん、文法がわからなくてもまずは「英語に触れることが大事」「たくさん触れているうちに慣れてわかるようになる」という考え方もあります。ただし、このやり方ではとても時間がかかってしまいます。限られた時間の中で効率的に英語力を伸ばしたければ、やはり**最低限の文法は最初にきちんと押さえておく必要があります。**

●文法は必要最低限でOK

文法の勉強が必要だと聞くと、分厚い参考書を用意して1ページ目からていねいに読み始める人がいます。もちろんその熱意は素晴らしいのですが、この方法では、大きな努力と忍耐力が必要になります。大人になってからやり直す英語学習においては、最初に知っておくべき文法は必要最低限のものだけで構いません。**中学3年間と高校の初級で習う文法のうち頻出のもの**さえルールを理解していれば、それ以外の難しいものは、出てきた都度わからなければ調べる、という方法で対応できます。具体的には、品詞、文型、人称代名詞、動詞の変化、時制、疑問文、命令文、助動詞、受動態、there is 構文、比較、不定詞、動名詞、分詞、現在完了形、関係代名詞、接続詞、前置詞、といった項目が、基礎文法の範囲として理解しておきたいものです。

そもそも、基礎文法を知っておいたほうがいい理由は、わからないことにぶつかったときに、どう対処すればいいか自分で判断できるからです。たとえば、「聞き取れたけど理解できなかった」「読んでも理解できなかった」というときに、理解できなかった原因が文法にあるのかどうか、そして文法のどの項目を確認すればいいのか、がわかることが大切です。こうした判断ができないと、学習が行き詰まってしまいます。

ですから、まずは最低限の文法を身に付けて、あとはどんどんトレーニングやコミュニケーションを通して実際の英文に触れ、英語を使っていきましょう。そしてわからないことが出てきたらその都度調べればいいのです。

ただし、文法問題が出題される英語の試験を受ける場合には、その試験範囲の文法をしっかり勉強しておく必要があります。この場合にもいきなり文法書を読むのではなく、まずは過去問や模試を解いて出題傾向をつかみましょう。そうすることで効率よく学習することができます。このときも必要最低限の文法を知っておくことで、参考書のどの部分を確認すればいいのかがわかりますよね。つまり、文法書を辞書のように使えることが理想なのです。

●具体的な文法の学習法

では、具体的にどのような方法で文法を学習していけばいいのでしょう。基礎文法として、まずは中学レベルをおさえておきたいので、中学の英文法に絞った文法項目別の薄い参考書を使うのがおすすめです。特に確認問題が付いていると、自分がわかっているかどうかが確認できるので効率的に学習が進められます。ここでは2冊、おすすめの本を紹介します。

『ハイパー英語教室 楽しく！わかりやすく！スッキリ！中学英文法』（桐原書店）

34ユニットに分かれていて、必要な単元を学習できます。説明がわかりやすく、ページ数も少ないので、1～2週間程度の短時間で中学英文法を総復習したい人におすすめです。中学英文法が基本から身に付いていない可能性がある人はこちらから始めましょう。確認問題は少ないのですが、問題を解きたい人には同じシリーズの**『ハイパー英語教室 楽しく！わかりやすく！スッキリ！中学英文法ドリル』**（桐原書店）があります。

『中学英語をもう一度ひとつひとつわかりやすく。』（学研）

前の本に比べてページ数も多く、内容も充実しています。また、見開きページごとに問題がありますので、ある程度中学英文法の基礎はわかっているものの、不足している知識がないかを確認したい人や、しっかり問題を解きながら文法知識を定着させたい人におすすめです。前の本をやり終えてから、物足りなければこちらの本を始めてもいいでしょう。全部問題を解きながらしっかり読んでいくには、1～2ヶ月程度時間が必要です。自分が理解できている文法項目はスキップして、わかっていない部分、あやふやな部分の項目を重点的に復習しましょう。

その他、辞書的に使う文法書を1冊手元に置いておくと便利です。文法書としては**『総合英語 Evergreen』**（いいずな書店）が読みやすく、内容もわかりやすくておすすめです。

●参考書だけで全てを理解しようとしない

文法書や問題集の解説などを読んだときに、100％理解できないこともあるかもしれません。でも悩みすぎないでください。なぜなら、実際に使われているのを聞いたり読んだりすることで、その使い方やニュアンスがつかめる文法もあるからです。

たとえば、現在完了形はよく使われる文法ですが、その使い方やニュアンスを、解説の文章だけで完全に理解するのは難しいと思います。現在完了形と過去形の使い分けについて参考書を何度も読むよりも、ニュース記事などで実際にその用法が使われている文を読んだり、映画やドラマなどで現在完了形で話しているシーンを見たほうが、イメージでつかみやすいでしょう。ですから、必ずしも参考書だけで完璧に理解する必要はありません。

ただ、ニュースや映画、ドラマなどの生の英語を通じて、現在完了形の実際の使われ方を知るためには、少なくとも「have+過去分詞」の形が現在完了形だと知っていることが必要です。ですから、最初に文法の基礎知識をしっかりと理解しておくことが大切なのです。

あとがき

「3ヶ月のシャドーイングでTOEICのリスニングが105点上がり、満点になりました！」

「シャドーイングをすすめている本はたくさんありますが、ここまでていねいにやり方を教えてもらえたことはありませんでした」

「今までの聞き流すだけのリスニングは意味がなかったということがわかりました。これからは効果的なトレーニングができそうです」

タニケイ式シャドーイングの講座を受講された方や、電子書籍、ブログの読者の方から、上記のような喜びの声をいただくたびに、もっとこのトレーニングを多くの人に知ってもらい、遠回りの英語学習から、効果的で実践的な英語学習に軸足を移してほしいと思ってきました。

私自身、社会人になってから自分の英語力が通用しないことにショックを受け、シャドーイングに出会うまで英語学習で何年も放浪してきた経験から、何をやったらいいのかわからないもどかしさや、自分ではがんばっているつもりなのに伸びないつらさをよく知っていました。

できるだけ多くの英語学習者の方々に役立つ情報を届けたい、という思いを形にしたのが本書です。2013年に出版した電子書籍『英語耳を作るシャドーイング』では、講座のエッセンスとなる情報をお伝えしていましたが、2017年出版の『3ヶ月で英語耳を作るシャドーイング』では、英語学習の全体像、トレーニングに使えるツール、発音のコツ、単語の覚え方なども盛り込みました。さらに改訂版となる本書では、よく質問をいただく発音のポイントについて**第3章**に大幅に加筆したり、読者のみなさんができるだけ自分に合った、好きな教材を選べるよう、**第4章**のおすすめ教材の情報を充実させました。

タニケイ式シャドーイングを核としつつ、英語学習者のみなさんにとって大切な情報を網羅したといっても過言ではありません。本書を読んでピンときたことがあれば、ぜひ今日からの英語学習に活用してください。

英語学習においては、自分の「ワクワク」を見つけることがとても大事です。人にはそれぞれ個性があり、興味や効果的な学習法が違います。ワクワクは、楽しそう、効果が出そう、と思うところから生まれます。英語学習に関してはたくさんの情報が溢れていますが、ぜひ自分自身を見つめて、自分がワクワクできる方法を見つけてください。

ちなみに、私自身も英語学習者の一人として、現在も楽しみながら自分に合った方法で英語学習を続けています。今はどのようにシャドーイングを活用しているかというと、「好きなときに、好きなように」活用しています。たとえば、映画やドラマを英語で観ていて「今のところは聞き取れなかった」と思ったとき。その部分を録音して、しっかりと7ステップでシャドーイングをすることもありますし、字幕を読んで意味がわかっている場合などは、難しい部分のポイント練習から始めて、オーバーラッピング、シャドーイングだけをすることもあります。また、リスニング力アップのためだけでなく、「この表現が使えるようになりたい」と思うような英語に出会ったときに、その表現を英語らしいナチュラルな発音で話せるようにするためにシャドーイングをすることもあります。

私にとってのシャドーイングは、もはや「トレーニングをするぞ」と意気込んで始めるものではなく、耳慣れない英語や、真似したい英語が聞こえてきたら自然とシャドーイングをしたくなる、そんな生活の一部になっています。海外の映画やドラマを観ていると、知らない単語や表現がまだまだたくさんあるな、と思いますが、シャドーイングをすることで、どんどん聞き取れるようになり、表現もインプットできるということを知っているので、楽しみながらシャドーイングを続けています。

本書を読んでくださったあなたにとっても、シャドーイングがそんな身近なものになると嬉しいです。あなたが英語を習得しようとし続ける限り、シャドーイングはずっとあなたの役に立ってくれるはずです。

本書の出版を支えてくださった方々に、あらためて感謝いたします。英語学習難民だった私を救ってくださった英語学校FORWARDの石渡誠先生をはじめとする先生がた、一緒に切磋琢磨して楽しみながら英語学習を続けてきた学習仲間のみなさん、講師デビューの機会をくださったストアカのみなさん、オンラインでシャドーイングを広める場を作ってくださったSchooのみなさん、動画講座の制作を支えてくださったUdemyのみなさん、英文チェックをしてくださったJames Carpenterさん、素敵な表紙とブックデザインを作ってくださった藤原夕貴さん、図版をデザインしてくださった難波江由佳理さん、編集を手伝ってくださった中野広美さん、湯本真知さん、たくさんの貴重なアドバイスをくださった大澤しづかさん、本書の執筆から出版までを支えてくださった編集者の玉村優香さん、DTP担当の小河碧峰さんと玉村菜摘さんに感謝申し上げます。出版社プチ・レトルの代表でもある夫と、毎日元気をくれる息子の涼真にも、お礼を言わせてください。みなさんの応援とサポートがなければ、この本は生まれていなかったと思います。本当にありがとうございます。

英語学習に終わりはなく、その道は楽しくワクワクする道であってほしいと思います。楽しい、効果が出る、だから続く、そのような道を探して、一緒に歩いていきましょう。あなたの英語学習が、本書をきっかけに大きく前進することを願って。

英語学習コーチ
谷口恵子（タニケイ）

3ヶ月で英語耳を作るシャドーイング 改訂版

2021年9月1日　初版第1刷発行
2024年1月25日　第2刷発行

著者　谷口 恵子

[制作]
編集　玉村 優香
表紙・ブックデザイン　藤原 夕貴
DTP　小河 碧峰・玉村 菜摘
英文監修　James Alvis Carpenter
印刷・製本　中央精版印刷株式会社

[発行情報]
発行人　谷口 一真
発行所　プチ・レトル株式会社
115-0044 東京都北区赤羽南2-6-6
スカイブリッジビル地下1階
TEL：070-3310-0117　FAX：03-4496-4128
Mail：book@petite-lettre.com
https://petite-lettre.com

ISBN 978-4-907278-77-9
乱丁本・落丁本は送料小社負担にてお取り替えいたします。